KİNSUN

SENİN OLAN SENİ BULUR

DESTEK YAYINLARI: 1856
KİŞİSEL GELİŞİM: 335

KİNSUN / SENİN OLAN SENİ BULUR

İmtiyaz Sahibi: Destek Yapım Prodüksiyon Dış Tic. A.Ş.
Genel Yayın Yönetmeni: Ertürk Akşun
Editör: Devrim Yalkut
Kapak Tasarımı: Sedat Gösterikli
Sayfa Düzeni: Cansu Poroy

Destek Yayınları: Aralık 2023 (20.000 Adet)
21.-23. Baskı: Mart 2024
26. Baskı: Mayıs 2024
27.-29. Baskı Haziran 2024
30.-31. Baskı Eylül 2024
32.-34. Baskı Ekim 2024
35.-36. Baskı Temmuz 2025
Yayıncı Sertifika No. 43196

ISBN 978-625-6608-25-2

Abdi İpekçi Caddesi No. 31/5 Nişantaşı/İstanbul
Tel. (0) 212 252 22 42
Faks: (0) 212 252 22 43
www.destekdukkan.com
info@destekyayinlari.com
facebook.com/DestekYayinevi
twitter.com/destekyayinlari
instagram.com/destekyayinlari

Destek Dukkan

Deniz Ofset – Çetin Koçak
Sertifika No. 77699
Maltepe Mahallesi
Hastane Yolu Sokak No. 1/6
Zeytinburnu / İstanbul
Tel. (0) 212 613 30 06

GERÇEK AŞKIN ŞİFRESİNİ ÇÖZMEK

SENİN OLAN SENİ BULUR

"İnsan acıtır, sevgi iyileştirir."

KİNSUN

DESTEK yayınları

Başkalaşmamış aşklara ithaf olunur...

İÇİNDEKİLER

Nazik bir hatırlatma:

"Seni aşk incitmedi.
Aşk nedir bilmeyenler incitti.
İnsan acıtır, sevgi iyileştirir."

Nazik bir hatırlatma:

Bir gün Mevlana eve girer ve hanımı ona sorar:
Bu kadar âşıksın Mevla'ya,
şükürler olsun bu aşkı yaşayıp, yaşatana.
Peki bana ne kadar âşıksın?

Mevlana hanımına şöyle der:
Sen benim;Yaradan'dan ötürü yaratılanı sevişim
bir adım gelene, on adım gidişimsin ve
herkesi olduğu gibi kabul edişimsin.

Sen benim; yalandan ve sahteden kaçışım
riyadan bıkışım, gerçeği arayışımsın ve
nihayet doğrunun tadına varışımsın.

Sen benim; haksızlığa ve zulme başkaldırışım
mazluma kucak açışım, zalime düşmanca bakışımsın ve
mağdurdan yana tavır alışımsın.

Sen benim; bugünüme şükür ve yarınıma dua edişim
azla yetinişim, çoğa göz dikmeyişimsin ve
kapanmayan avuç içimsin.

Sen benim; hayat ve kaderle inatlaşmam
ekmek için kavgam, bitmek tükenmek bilmeyen davamsın ve
zorluklara karşı yılmayışımsın.
Sen benim; menfaate ve çıkara tepkim
almak için verene öfkem
ille de karşılık bekleyene lanetimsin ve
alayına isyan edişimsin.

Sen benim; ahlaksızlık ve yozlaşmayla mücadelem,
para için kendini satana küfredişim
başkalaşana verip veriştirişimsin ve
eskiyi özleyişimsin.

Sen benim; duygusal yaradılışım
en ufak şeyi kafaya takışım, kolay unutamayışımsın ve
bundan bir türlü sıyrılamayışımsın.

Sen benim; sonsuz sadakatim
merhametim, hissiyatım, şefkatimsin ve
aman diyenden yüz çevirmeyişimsin.

Sen benim; her şeye rağmenim
asla pes etmeyişim, başımı öne eğmeyişimsin ve
ümidimi yitirmeyişimsin.

Sen benim; yaşama ülküm
namusa olan düşkünlüğüm
namussuzluğa küskünlüğümsün ve
gururumla, onurumla olan bütünlüğümsün.

Sen benim; karakterim ve kişiliğim
fikrimsin, hissimsin ve hayata bakışımsın.

Şifre 1

Farklılıkları Kucaklamak: Farklıyım, Farklısın, Farklı!

"Mutlu evlilik yoktur, iyi evlilik vardır."

François de La Rochefoucauld

Alea iacta est: Zarlar atıldı.

Şurada öncelikle anlaşalım. İlişkinizi otomatiğe bağlayan bir kullanım kılavuzu arıyorsanız yanlış yerdesiniz. Çünkü bu kitap veya ilişkiler üzerine yazılmış herhangi bir kitap size tam olarak yapmanız gerekeni söyleyemez.

Homo sapiens türünün ilk ortaya çıkışı tahmini 200.000 ila 300.000 yıl öncesine dayanır. Bu süre boyunca dünyadan birçok insan geldi geçti. Birçok veri, tarihsel olarak yaşamış olan insan sayısının 100 milyar ile 120 milyar arasında olduğunu öne sürüyor. Bu tahminlerin hassasiyeti ne kadar yüksektir bilinmez ama şu bir gerçek ki her insan kendi özünde eşsiz özelliklere sahip.

İnsan bireyselliğinin mucizesi inanılmaz. Bu gezegendeki her bir insanın bir diğerinden ne kadar farklı olduğu gerçekten dikkate değer. Görünüşümüzden tuhaflıklarımıza, hayallerimizden korkularımıza kadar her insanın gerçekten de benzersiz olduğunu inkâr etmek mümkün değil. Her dalganın yeni ve farklı bir kişilik ortaya çıkardığı uçsuz bucaksız bir çeşitlilik denizi gibi insanlık.

İşte hayatı bu kadar ilginç ve heyecan verici kılan da bu çeşitliliktir. Herkesin aynı göründüğü, aynı konuştuğu ve aynı düşündüğü bir dünya hayal edin. Bu ne kadar sıkıcı ve monoton olurdu! Entelektüel tartışmaları ateşleyen, yaratıcı çabaları körükleyen ve kişisel gelişimi teşvik eden şey aramızdaki farklılıklardır. Sonuçta, farklı bakış açılarına ve deneyimlere sahip insanlarla karşılaşarak kendi ufkumuzu genişletir ve -daha- çok yönlü bireyler haline geliriz.

Ve kusurlarımızın güzelliğini de unutmayalım. Her insanın, onu farklı kılan kendine özgü kusurları ve kendine has özellikleri vardır. Hayata lezzet katan baharatlar gibidir bu tuhaflıklar. Bir kekin üstündeki serpintiler ya da bir romandaki beklenmedik dönemeçler gibidirler - işleri ilginç kılarlar ve bizi diken üstünde tutarlar.

Ancak bazen bu farklılıklar yanlış anlamalara ve çatışmalara yol açabilir. Başkalarıyla her zaman aynı görüşte olmayabilir veya onların seçimlerini ve inançlarını anlayamayabiliriz. Ancak, bizi insan yapan şeyin bu farklılıklar olduğunu unutmamak önemlidir. Bizi bölmelerine izin vermek yerine, onları büyüme ve öğrenme fırsatları olarak kucaklamalıyız. Bu yüzden, her insanın farklı olduğu gerçeğini kutlayalım. İçimizdeki ve çevremizdekilerdeki benzersizliğe değer verelim. Sonuçta, hepimiz aynı kumaştan kesilip biçilmiş olsaydık hayat oldukça sıkıcı olurdu. Tuhaflıklarınızı kucaklayın, bireyselliğinizin tadını çıkarın ve türünüzün tek örneği olduğunuzu unutmayın.

"Özgürlük değil, itaat asıldı.
Farklılık değil, 'herkes
gibi'lik makbuldü."

Ayfer Tunç, *Bir Mâniniz Yoksa Annemler Size Gelecek*

Amantes sunt amentes: Âşıklar delidir.

Evliliğin iki ruhun birleşmesi olduğu söylenir. Ama bu ruhlar farklı mizaçlara sahipse ne olur? Bu tıpkı yağ ile suyu karıştırmak gibidir - kolayca kaynaşmazlar. Yine de, mizaçlardaki bu zıtlık bir evliliği daha da ilginç ve tatmin edici hale getirebilir.

Her iki eşin de aynı mizaca sahip olduğu bir evlilik düşünün. Her ikisi de içedönük, sosyalleşmek yerine yalnızlığı tercih eden kişiler. Bu mükemmel bir eşleşme gibi görünse de, ilişkide denge eksikliğine de yol açabilir. Partnerlerden birinin alana ve yalnızlığa ihtiyaç duyduğu, diğerinin ise arkadaşlık ve sohbet için can attığı zamanlar olabilir. Bu gibi durumlarda, farklı mizaçlara sahip olmak aslında bir nimet olabilir. Dışadönük partner ilişkiye enerji ve heyecan getirebilirken, içedönük partner çok ihtiyaç duyulan sakinliği ve iç gözlemi sağlayabilir.

Bir evlilikte farklı mizaçlara sahip olmak, farklı bakış açılarına sahip olmak anlamına da gelir. Eşlerden biri daha rasyonel ve analitik olabilirken, diğeri daha duygusal ve sezgisel olabilir. Bu çeşitlilik, problem çözme ve karar verme süreçlerine daha bütüncül bir yaklaşım sağlar. Farklı mizaçlar masaya yeni fikirler ve içgörüler getirebilir ve başka türlü mümkün olmayan yaratıcı çözümlere yol açabilir.

Elbette farklı mizaçlara sahip olmanın zorlukları da vardır. İletişim tarzlarındaki çatışmalar veya stresle başa çıkma konusundaki farklı yaklaşımlar nedeniyle çatışmaların ortaya çıktığı zamanlar olabilir. Ancak, büyüme ve anlayış için fırsatlar sunan da tam olarak bu zorluklardır. Birbirimizin farklılıklarını takdir etmeyi ve kucaklamayı öğrenmek daha fazla empati, şefkat ve kabullenmeye yol açabilir.

Nihayetinde, bir evliliği güçlü ve dirençli kılan, mizaçların eşsiz karışımıdır. Çiftler, mizaç farklılıklarına rağmen hayatın iniş ve çıkışlarını birlikte aşarak birbirlerini gerçekten anlamayı ve desteklemeyi öğrenirler. Dolayısıyla, her zaman kolay olmasa da, bir evlilikteki mizaç çeşitliliğini kabullenmek, daha derin bir bağa ve daha tatmin edici bir ortaklığa yol açabilir.

Sonuçta milyarlarca insan ve milyarlarca farklı davranış biçiminden bahsediyoruz. Her insan, genetik kodlamadan fiziksel görünüme; zihinsel yeteneklerinden duygusal tepkilerine; kişisel hedefleri ve ilgi alanlarından inanç ve değerlerine birçok konuda farklıdır. Hal böyleyken hiçbir ilişki birkaç maddeye sığdırılacak kadar standart olamaz, değil mi? Ancak bu durum kişilerin ilişkilerine körü körüne başlamasını gerektirmiyor. Hiçbir donanıma sahip olmadan, hazırlık yapmadan başlanan bir ilişkide her şeyin yerli yerine oturmasını beklemek biraz güçtür.

Evliliğin uzlaşmayla ilgili olduğu söylenir. Ancak size söylemedikleri şey, uzlaşmanın genellikle eşinizi uykusunda boğma dürtüsünü bastırmayı içerdiğidir. Örneğin tanıdığım bir çifti ele alalım. Deneseler daha farklı olamazlar. Erkek tam bir sabah insanıdır, kadın ise daha çok "Lütfen kahvemi içene kadar benimle konuşma" türünden bir insan. Bu, hiç durmadan uyuklayan bir çalar saatle yaşamak gibi bir şey. Temizlik takıntısına hiç girmeyeyim bile. Bir kez daha erkeğin takım çantasını yeniden düzenlediğini görürse, kadıncağız aklını kaçırabilir.

Ancak evliliklerini ilginç kılan sadece farklı sabah rutinleri ve nevrotik eğilimleri değil elbette. Hayır, bundan çok daha derinlere gidiyor. Gördüğünüz gibi, koca ölümüne dışadönük biri, kadın ise daha çok içedönük bir evcimen. Koca sosyal etkileşimlerle büyüyor ve herhangi biriyle, herhangi bir yerde, herhangi bir zamanda sohbet edebiliyor. Kadın ise kanepede iyi bir kitap ve bir fincan kahveyle kıvrılıp oturmaktan son derece memnun. Birlikte düğün dernek gibi bir ortama girdiklerinde ortaya çıkan komikliği hayal edebilirsiniz.

Karar verme konusundaki farklı yaklaşımları da diğer bir konu. Koca dürtüsel ve spontane, hayatın karşısına çıkardığı her türlü maceraya balıklama dalmaya her zaman hazır biri. Kadın ise daha çok "Bir karar vermeden önce artılarını ve eksilerini tartalım ve mümkün olan her türlü bilgi kaynağına danışalım" diyen taraf. Akşam yemeği için bir restoran seçmeye çalıştıklarında bunun ne kadar iyi gittiğini hayal edebilirsiniz mesela. Birçok geceyi amaçsızca, aç ve kararsız bir şekilde araba sürerek geçirdikleri olmuş.

Ancak tüm farklılıklarına rağmen hemfikir oldukları bir konu var: İlişkilerini bir arada tutan yapıştırıcı; kahkahaları ve hayatı zamanında tiye alma becerileri. Zaman zaman birbirlerini çıldırtıyor olabilirler ama her zaman gülüp geçmenin bir yolunu da buluyorlar. Kocanın başarısız yemek pişirme girişimi ya da kadının GPS'le bile kaybolma becerisi olsun, kendilerini asla çok ciddiye almıyorlar. Ve size şunu söyleyeyim, kendi tuhaflıklarınıza ve kendinize has özelliklerinize gülebilmenin gerçekten sihirli bir yanı var.

Farklı mizaçları zaman zaman tartışmalara ya da hayal kırıklıklarına yol açsa da, evliliklerini bu kadar eğlenceli kılan da bunlar. Kendi kişisel *sitcom*'unuzla yaşarken kimin reality TV'ye ihtiyacı var ki? Her zaman kolay olmayabilir ama asla sıkıcı olmadığı da kesin. Ve en azından emeklilikte sıkılmak konusunda endişelenmenize gerek kalmaz. Tabii yeni düzenlemelerle ölmeden emekli olabilirseniz. Bir başka anlık macerada yolunuzu bulmaya çalışmakla ya da bulaşıkları yıkama sırasının kimde olduğunu tartışmakla çok meşgul olacaksınız ayrıca. Birbirlerinin tamamen zıddı olduklarını düşünen siz çiftler, farklılıklarınız her şeyi ilginç kılsın ve kahkahalarınız aklınızı başınızda tutsun. Ne de olsa hayat her şeyi ciddiye almak için çok kısa.

Hepimiz farklıyız evet. Ama şu kusursuzmuş gibi davranmayı bir bırakabilsek tüm dünya derin bir oh çekecek inanın. Tekrarlıyorum. Farklısınız, ama kusursuz ve mükemmel değilsiniz.

Şu ufak bedenlerimiz bile bizi birbirimizden ayıran tuhaf ve acayip gerçeklerle doludur. Örneğin, gözlerinizin dakikada yaklaşık 20 kez kırpıştığını biliyor muydunuz? Bu çok fazla göz kırpması demek! Kulaklarınızın büyümesinin asla durmadığı gerçeği peki? Yani, yaşlandıkça kulaklarınızın büyüdüğünü hissediyorsanız, endişelenmeyin, bu tamamen normaldir. Ve işte size eğlenceli bir gerçek: Kulak kiri aslında bir tür terdir! Kimin aklına gelir ki?

Ama durun, dahası da var. Dilin yaklaşık 8.000 tat tomurcuğu ile kaplı olduğunu biliyor muydunuz? Bu çok fazla lezzet potansiyeli demek! Ve şuna bakın: Bir insan hayatı boyunca iki yüzme havuzunu dolduracak kadar tükürük üretir. Evet, doğru okudunuz. Bir dahaki sefere susadığınızı hissettiğinizde, ağzınızda dolaşan tüm o tükürüğü düşünün. Ne kadar romantik.

Şimdi, bedensel işlevler hakkında konuşalım. Bunları hepimiz yapıyoruz, o halde neden gülüp geçmeyelim? İnsanların her saat 600.000 deri parçacığı döktüğünü biliyor muydunuz? Bu, etrafta dolaşan bir sürü ölü deri hücresi demek. Ve işte size pis kokulu bir gerçek: Ortalama bir insan her gün yaklaşık 14 kez gaz çıkarır. Yani, karnınızı şişkin hissediyorsanız, bunu kabullenin ve bırakın gitsin!

Ve son olarak, vücudumuzun yapabildiği harika şeyleri de unutmayalım. Kalbin vücudun dışında da atabildiğini biliyor muydunuz? Bu doğru! Ve astronotlar, yerçekiminin omurgalarını sıkıştırmaması nedeniyle uzayda daha uzun boylu olabilirler. Yani, her zaman daha uzun boylu olmak istediyseniz, belki de uzaya bir yolculuk vakti gelmiştir.

İşte, insanla ilgili tuhaf ve harika gerçeklerden sadece birkaçı. Unutmayın, her insan farklıdır ve bedenlerimiz büyüleyici tuhaflıklar ve özelliklerle doludur. Benzersizliğinizi kucaklayın ve mükemmel olmamanızın keyfini de çıkarın.

Bir zamanlar ünlü üç filozof Sokrates, Platon ve Aristoteles bir araya gelip evlilik hakkında konuşmaya başlamışlar.

Sokrates demiş ki: "Evlilik nedir biliyor musunuz? Bir bilinmeze doğru bir adım atmaktır."

Platon eklemiş: "Evet, evlilik bir ideal düşüncenin yarı gerçekleşmiş halidir."

Aristoteles sonunda konuşmuş: "Hayır, arkadaşlar. Siz yanılıyorsunuz. Evlilik sadece bilinen gerçeklerin bir anlamda devamıdır."

Burada seçim biraz da size aittir. Körü körüne bağlanıp bir bilinmeze doğru bir adım atmayı da seçebilirsiniz; bir ideal düşüncenin yarı gerçekleşmiş hali olarak da yaşayabilirsiniz ya da en azından genel geçer kurallara biraz aşina olarak ilişkinizi bilinen gerçeklerin bir anlamda devamı olarak yaşayabilirsiniz.

Bu nedenle elinizdeki kitap ilişkiler üzerine yazılmış en iyi kitap diyemem ama ilişkinizi en azından desteklemek, bazı açıklarını kapatabilmek için size yardımcı olacaktır sözünü verebilirim.

Şifre 2

İçsel Mutluluğa Yolculuk: Otantik Benliğin Büyüsü

"Gez ve kimseye söyleme.
Gerçek bir aşk hikâyesi yaşa, kimseye
söyleme. Mutlu ol, kimseye söyleme.
İnsanlar güzel şeyleri mahveder."

Halil Cibran, *Kırık Kanatlar*

Aşkta açgözlülük yoktur, aşk sadece vermeyi bilir.

Aşk, insanlık tarihi boyunca merak edilen ve arzulanan bir duygudur. Gerçek aşk, sadece romantik bir ilişki veya tutku dolu duygularla sınırlı değildir. Gerçek aşk, derin bir bağ, anlayış, sadakat ve kabul etme halidir. Bu bağ, sadece duygusal bir bağ değildir, aynı zamanda ruhsal ve zihinsel bir bağı da içerir. Gerçek aşk, bir kişinin diğerini olduğu gibi kabul ettiği ve onunla birlikte büyümek ve evrim geçirmek istediği bir ilişki türüdür. Bizim şimdilerde dilimize pelesenk ettiğimiz, deneyimlediğimizi sandığımız aşk tamamen hormonlarla ilgili. Tamamen biyolojik bir dürtü. Biz tutkuya aşk adını veriyoruz. Hiçbir gizemi olmayan bir oyun sadece yaşadıklarımız. Halbuki aşk gizemlidir.

Victor Hugo *Sefiller* adlı kitabında özetliyor bir nebze:

"Sadece bedenleri, şekilleri,
görüntüleri sevenlere ne
yazık! Ölüm her şeyi yok
edecek. Ruhları sevmeyi
deneyin, onlara yeniden
kavuşursunuz..."

Tutku bedenden çıkar, aşk ise bilinçten. Kendi bilinçlerine uzak yaşayan herkes bedensel tutkuları aşk diye yaşar. Bu gerçek aşka yapılan en büyük kötülüktür. Aşk tutkunun tam aksine sessizlikten beslenir. Garip geliyor biliyorum. Tutku yok, heyecan yok, sessizlik var ama aşk da var. "Bu nasıl bir iş?" diyorsunuz.

Victor Hugo'nun "Ruhları sevmeyi deneyin..." cümlesindeki kasıt bu işte. Bu eylemi ancak sessizlik vasıtasıyla deneyimleyebilirsin. Sessizlik ve dinginlik seni derinlerde benliğin ile buluşturur. Kendi ruhunla tanışınca başka ruhlara aşina olabilirsin ancak. Sen daha kendine bile rastlayamadın. Ruhunla buluştuğun zaman aşkın bedensel bir tutkuya değil sana dönüşecektir. İşte o vakit zaman ve mekândan, dürtülerden bağımsız her şartta aşkı yaşayacaksın.

Birçok kadın, buna feministler de dahil, ilişkilerinde kıskanılmak ister. Bazıları kıskançlık kelimesi itici geldiği için "Eşim beni kıskanmamalı ama sahiplenmeli..." der. Aşkı kendi elleriyle öldürmeye teşebbüstür bu aslında. Aşkta açgözlülük yoktur, aşk sadece vermeyi bilir. Karşılığında ne alacağı da umurunda olmaz.

Osho bir kitabında İngilizcedeki aşk (love) sözcüğünün "lobha" sözcüğünden geldiğini söylüyor. Toplumun dayattığı bir aşk modeli bizim aşk sandığımız şey. Kıskanma, sahip olma ve hep istemek. Bu aşk değil. Bu sahteliğin ta kendisidir. Sunidir çünkü. Etrafınızda gördüğünüz çifte kumrular maskeleriyle arkalarındaki durmadan talep eden açgözlü ve benmerkezci kişiliklerini saklarlar. Onlar talep etmeyi bilir, gerçek aşk ise karşılıksız paylaşmayı.

Sahte âşıklar kendilerini müebbet bir yalnızlığa hapsetmişlerdir, paylaşım yoktur. Besleyicilik yoktur. Göz önünde olanlar ise mecburiyetten kaynaklanan gösterişten başka bir şey değildir. Dikkat edin, çifte kumru aşklar ilgi yumağı gibidir. Halbuki çiftler birbirlerini farkında olmadan zehirlerler. Çünkü devamlı ilgi en etkili zehirdir. Gerçek aşkta ilgi elbet vardır ancak gerektiği kadar. Âşık bir insan maşukunun gerçek ihtiyaçları ile ilgilenir ama onun egosunu besleyecek saçma ihtiyaçlarına da hayır demesini bilir. Gerçek aşk fantezi ürünü değildir çünkü. Gerçekten sevdiğin birisinin kaprisleri ile değil gerçek ihtiyaçları ile ilgilenmelisin. Çünkü aşk ilgi üzerine değil şefkat üzerine inşa edilir.

Gerçek aşk içinden geldiğince yaşanır, suni aşklar da bireyler kendilerine görev addedilmişçesine davranırlar. Ömür boyu mesai yapmak gibi. Aşk spontanedir, asla mecburiyet nedir bilmez. Eşine çiçek alman gerekir, çünkü almak zorundasındır. Almazsan başına bela alacağını düşünürsün. Eşin eve gelmeden yemek yapmak zorunda olduğunu bilirsin. Çünkü akşam huzurunun kaçma riski vardır. Bunları hem yaparsın hem de karşılığında bir teşekkür beklersin. Ama aşk beklenti içinde olmaz asla. Sizin aşk dediğiniz şey alışverişten başka bir şey değil. Zorunlu davranışlar, bu davranışlar karşısında teşekkür beklentisi ve sonunda hayal kırıklığı. Bu döngü böyle sürer gider.

Ve işin kötüsü asla sahte âşıklar birbirlerini memnun edemez. Çünkü beklentinin sonu yoktur. Papatya alırsın, gül bekler sahte âşık. Gül alırsan "Neden benim adıma dikili bir ağaç yok?" der. Daha sonra da "Bir orman niye yok?" diye sorar. Yapılan her jest yetersizdir. Sahte aşk tatminsizdir çünkü. Çiftler birbirlerinin uşağı gibi davranıyor. Ömür boyu hizmet bekleyen bir ilişki olabilir mi?

Aşkı hakkıyla yaşayanlar
birbirlerine değil sadece aşka uşaklık
yapabilenlerdir.

Amor omnia vincit: Aşk her güçlüğü yener.

Aşk vermektir, açgözlülük ise sahip olmayı istemektir.

Açgözlülük, insanların daha fazla mülkiyet, daha fazla güç veya daha fazla zevk isteme eğilimidir. Bu arzular, insanların mutluluğunu ve huzurunu tehlikeye atabilir. Açgözlülük, toplumda dengesizliklere ve adaletsizliklere yol açabilir. İnsanlar, açgözlülüklerine yenik düştüklerinde, başkalarının zarar görmesine bile göz yumabilirler. Lobha, bireyin ve toplumun sağlıklı gelişimini engelleyen bir faktör olduğu kadar aşka da en çok zarar veren faktördür bu nedenle.

Lobha'dan aşka olan yolculuk, kişinin kendi içsel dönüşüm sürecidir. Bu yolculukta, birey açgözlülüğün etkilerinden kurtulmaya ve sevgi, şefkat ve bağışlama gibi pozitif değerleri benimsemeye çalışır. Lobha'dan sevgiye olan yolculuk, sabır, özveri ve kendini keşfetme gerektirir.

Birçok düşünür, yazar, filozof aşkın tanımını yaptı. Farklı boyutlarını ele aldılar.

Antik Yunan filozofu Platon, "platonik aşk" olarak bilinen kavramı geliştirdi. Ona göre, gerçek aşk, bedensel arzulardan çok daha derin bir sevgi ve bağlantıyı ifade eder. Platon, aşkın bir tür ruhsal yükseliş olduğuna inanıyordu. Bir kişi, fiziksel dünyadan ziyade idealar dünyasında mükemmel bir güzelliği sevmelidir.

Aristoteles, aşkı arkadaşlık ve sevgi kavramlarıyla ilişkilendirdi. Ona göre, gerçek aşk, dostlukla derin bir bağ kurmayı içerir. Arkadaşlık ve sevgi, birbirimize iyilik yapma ve birlikte olma isteği olarak tanımlanır. Bu bağlamda, gerçek aşk, insanlar arasında güçlü bir bağa dayanır.

Danimarkalı filozof Søren Kierkegaard, aşkın iki temel türünü tanımladı: tutkulu aşk (aesthetic love) ve derin aşk (ethical love). Tutkulu aşk, anlık arzular ve zevkler üzerine kuruludur ve geçicidir. Derin aşk ise karşılıklı sorumluluk ve bağlılık üzerine inşa edilir. Kierkegaard, gerçek aşkın, derin aşk olduğunu savunur ve onu bir etik değer olarak değerlendirir.

Psikanalist ve filozof Erich Fromm, sevgiyi anlatan *Sevgi, Bir Sanattır* adlı eserinde, gerçek sevgiyi bir yetenek olarak görür. Ona göre, gerçek aşk, sevgiye olan bir bağlılık ve bir insanın başkalarını sevmeyi öğrenmesi gereken bir sanat eseridir. Fromm'a göre, gerçek aşk, sevgi ve anlayışın birleşimidir.

Alman filozof Martin Heidegger, aşkı varoluşsal bir deneyim olarak ele alır. Ona göre, gerçek aşk, bir kişinin varoluşunun anlamını derinleştiren ve zenginleştiren bir deneyimdir. Aşk, insanın kendini başkasında bulma ve bu ilişki yoluyla anlamı keşfetme sürecini ifade eder.

Bu düşünce akımları, gerçek aşkın bedensel arzuların ötesinde bir derinlik, bağlılık, anlam ve paylaşım içerdiği konusunda ortak bir anlayış sunar. Gerçek aşk, insanın kendini ve diğerlerini daha derinlemesine anlamasına, büyümesine ve olgunlaşmasına yardımcı olabilecek derin bir deneyimdir.

Sadece sevgi dolu ruhlar sevgi ilham edebilir.

Otantik benliğimizi kucaklamak.

Gerçek aşk üç boyutta yaşanır. Sadece duygusal bir deneyim değildir bu. Aynı zamanda ruhsal ve zihinsel bir boyutu da vardır. Duygusal boyut, duygusal bağlantıyı ve birlikte paylaşılan duygusal deneyimleri içerir. Ruhsal boyut ise, birlikte büyümeyi ve birbirinin ruhsal yolculuğuna destek olmayı içerir. Zihinsel boyut ise, birbirine saygı duymayı, birlikte düşünmeyi ve birbirini entelektüel olarak beslemeyi içerir. Gerçek aşk, bu üç boyutun dengeli bir şekilde bir araya geldiği bir ilişkidir. Ancak bu üç boyutun da zeminini hazırlayan, kitabın önceki bölümünde kısaca değindiğim, tek faktör vardır: Kendimizi sevmek ve otantik benliğimizi kucaklamak.

Kendimizi gerçekten sevebilmek için, öncelikle otantik benliğimizi kucaklamamız gerekmektedir. Otantik benlik, içimizdeki gerçek ve doğal olanı temsil eder. Bu, toplumun ve çevrenin beklentileri yerine, kendi değerlerimiz ve inançlarımız doğrultusunda hareket etmek anlamına gelir. Yani sonunda tüm o filtreleri ve yüzleri bırakıp gerçekten olduğunuz kişi olduğunuz o an.

Biraz daha konuyu açalım. Bu, bir çift rahatsız ayakkabıyı çıkarıp rahat bir çift terliğin içine girmek gibidir. Ne rahatlama ama! Özgün olmak neden bu kadar önemli? Öncelikle, olmadığınız biri gibi davranmaya çalışmak yorucudur. Hiç iki numara küçük topuklu ayakkabılarla yürümeye çalıştınız mı? Evet, hiç eğlenceli değil. Ayrıca, özgün benliğinizi kucakladığınızda, sizi gerçekten olduğunuz gibi seven insanları kendinize çekersiniz. Ve size şunu söyleyeyim, hayatınızda olmasını isteyeceğiniz türden insanlar bunlardır. Onlar bir kurabiyenin içindeki çikolata parçaları gibidir – en iyi kısmı!

Şimdi ne düşündüğünüzü biliyorum. Otantik benliğimi kucaklamaya nasıl başlayabilirim ki? Her şey kendini yansıtmakla başlar. Kendinizi gerçekten tanımak için bir dakikanızı ayırın. Sizi harekete geçiren ne? Sizi karnınız ağrıyana kadar güldüren nedir? Sizi canlı hissettiren nedir? Özünüzde kim olduğunuzu daha iyi anladığınızda, bu maskeleri bırakmak ve gerçek benliğinizi kucaklamak daha kolay hale gelir. Bu tıpkı bir soğanın katmanlarını soymak gibidir, ancak sizi ağlatmak yerine özgür hissetmenizi sağlar.

Ama şöyle bir şey var: Otantik benliğinizi kucaklamak mükemmel olmanız gerektiği anlamına gelmez. Aslında, tam tersi. Bu, kusurlarınızı ve eksikliklerinizi kucaklamak ve onlara gururla sahip çıkmakla ilgilidir. Unutmayın, hiç kimse mükemmel değildir. Hepimizin bizi biz yapan tuhaflıkları ve kendine has özellikleri var. Öyleyse neden onları kutlamayalım? Tuhaflığınızı, beceriksizliğinizi ve benzersiz mizah anlayışınızı kucaklayın. Sonuçta, hayat kendinizden başka bir şey olmak için çok kısa.

Bu yüzden, sevgili dostlarım, sizi bir inanç sıçraması yapmaya ve otantik benliğini kucaklamaya teşvik ediyorum. Dağınık saç günlerini ve uyumsuz çorapları kucaklayın. Kendi ayağınıza takıldığınız ya da tamamen saçma bir şey söylediğiniz anları kucaklayın. Sizi siz yapan küçük şeyleri kucaklayın. Çünkü günün sonunda, özgün olmak sizi kalabalıktan gerçekten ayıran şeydir. Ve size şunu söyleyeyim, kendiniz olmak başka biri olmaya çalışmaktan çok daha eğlencelidir. O yüzden devam edin, kendinizden ödün vermeyin. Dünyanın buna daha çok ihtiyacı var.

Bu kucaklaşma elzemdir, ilk basamaktır çünkü kendimizi daha iyi tanımamıza ve gerçek potansiyelimizi ortaya çıkarmamıza yardımcı olur. Bu süreçte, kendi değerlerimizi ve tutkularımızı keşfederiz ve bunlara uygun yaşam seçimleri yaparız. Otantik benliğimizi kucaklamak, kendimize olan güvenimizi artırır ve daha sağlıklı bir yaşam tarzı benimsememizi sağlar. Kendini sevmek, kişisel gelişimin önemli bir parçasıdır. Kendimize olan sevgimiz, kendimize yatırım yapma ve kişisel gelişimimizi destekleme konusunda bizi motive eder. Öz sevgi, kendimize olan saygımızı artırır ve kendimizi daha iyi hissetmemizi sağlar.

Kişisel gelişim, kendimizi sürekli olarak geliştirmek, yeni beceriler öğrenmek ve potansiyelimizi geliştirmek anlamına gelir. Kendine sevgi, bu sürece ilham verir ve bizi kendi başarılarımıza odaklanmaya teşvik eder. Kendimize olan sevgimiz, hedeflerimize ulaşma konusundaki motivasyonumuzu artırır ve daha iyi bir gelecek için çalışma isteğimizi güçlendirir.

Öz sevgiye ulaşmak, bazı engellerle karşılaşabileceğimiz bir süreçtir. İçsel eleştiri, olumsuz inançlar ve düşük özsaygı gibi faktörler, kendini sevme yolculuğumuzu zorlaştırabilir. Ancak, bu engelleri aşmak mümkündür. İçsel eleştiriyi anlamak ve yönetmek, kendini sevme yolculuğunda önemli bir adımdır. Kendimize karşı nazik olmalı ve kendimize hatalarımızın ötesinde değerli olduğumuzu hatırlatmalıyız. Olumsuz inançlarımızı sorgulamalı ve bunları olumlu ve yapıcı inançlarla değiştirmeliyiz. Özsaygımızı geliştirmek için, günlük bir öz-bakım rutini uygulayabilir ve kendimize zaman ayırabiliriz.

Öz sevgiyi geliştirmek için kendimize karşı nazik olmayı öğrenmeliyiz. Peki, kendimize karşı nasıl nazik olabiliriz? Bunun pek çok yolu var. Kitap okumak ya da resim yapmak gibi bazı kişisel bakım aktivitelerine katılarak başlayabilirsiniz. Eğer arkadaşınızla uzun zamandır konuşmadıysanız, onu arayın ya da. Bu, yeniden bağlantı kurmak ve içinizi ısıtmak için harika bir yoldur. Ve eğer kendinizi maceraperest hissediyorsanız, yeni bir şeyler deneyin. Belki salsa dansına ya da dalgıçlığa başlayabilirsiniz. Olasılıklar sonsuzdur. Sağlıklı yiyeceklere para harcayarak da kendinize nazik davranabilirsiniz. Evet, doğru duydunuz. Kendinizi lezzetli meyve ve sebzelerle şımartın. Vücudunuz bunun için size teşekkür edecektir. Ve aktif olmayı unutmayın. İster yürüyüşe çıkın ister pijamalarınızla yoga yapın, endorfin pompalamak ruh halinizi yükseltmenin kesin bir yoludur.

Hayatın bazen zor olabileceğini biliyorum. Hepimiz kendimizden şüphe duyduğumuz ve güvensizlik denizinde boğuluyormuş gibi hissettiğimiz anlar yaşarız. Böyle anlarda öz-şefkat uygulamak bizi batmaktan kurtaran cankurtaran botu olabilir. Bu tamamen duygularımıza saygı duymak, mücadelelerimizde yalnız olmadığımızı kabul etmek ve kendimize karşı nazik olmakla ilgilidir. Bir dahaki sefere kendinizi bir çöküşün içinde bulduğunuzda, kendinize biraz sevgi ve anlayış göstermeyi unutmayın.

Öz sevgi, kendine merhamet ile de yakından ilişkilidir. Kendine merhamet, kendi zayıflıklarımızı ve hatalarımızı kabul etmek anlamına gelir. Kendimize merhametli olmak, kendimizi eleştirdiğimizde bile anlayışla yaklaşmamızı sağlar. Kendini sevme, kırılganlığı ve kusurları kucaklamakla da ilişkilidir. Kırılganlık, insan olmanın doğasında olan bir durumdur ve bunu kabul etmek önemlidir. Kusurlarımızı kabul etmek ve kucaklamak, kendimizi daha derin bir düzeyde anlamamıza ve kabullenmemize yardımcı olur. Kendimizi kusurlarımızla kabul ettiğimizde, daha fazla özgürlük ve huzur hissederiz. Kusurlarımızı kucaklamak, mükemmeliyetçilikten kurtulmamıza ve daha gerçekçi bir bakış açısı benimsememize yardımcı olur. Kendi kırılganlığımızı ve kusurlarımızı kabul ettiğimizde, başkalarına da daha anlayışlı ve empatik olabiliriz.

Kendimizi sevdiğimizde, daha fazla özgüven geliştiririz. Bu bizi daha mutlu ve tatmin olmuş hissettirir. Kendi değerlerimiz ve tutkularımız doğrultusunda hareket ettiğimizde, hayatımızda daha fazla anlam ve amaç buluruz. Kendi benliğimizi kucakladığımızda, daha derin ve anlamlı bir mutluluk elde ederiz.

"Mutluluk dakikalarının peşinden koş,
kendini sevmek, sevilmek için zorla!"

Lev Tolstoy, *Savaş ve Barış*

In me omnis spes est mihi: Bütün umudum kendimde.

Kendini sevmek, sağlıklı ilişkilerin temelidir. Otantik benliğimizi kucaklamak ve kabul etmek ve gerçek aşkı deneyimlemek için tek şarttır. Ancak bunu size kimse söylemez. Hiçbir kültür, uygarlık, politikacı, yönetici bunu söyleyemez size. "İyi ol, başkalarına iyi ol, başkalarını sev..." der tüm stratejiler. Ve öyle makul sebepler sunarlar ki kendimizi harcayabiliriz kolaylıkla, yok sayabiliriz hatta. "Kendini seversen egoist olursun..." derler. "Narsis insanların çıkmazıdır bu..." derler. "Hayattaki en büyük bencilliklerden birisidir bu..." derler. Tüm yönetimler güçsüz halktan beslenir. Bu nedenle sinsice kendinden uzaklaşmayı empoze ederler insanlara. Çünkü bilirler ki kendini sevemeyen insan başkalarını da sevemez. Ve sevginin olmadığı yerde güçlü toplumlar da olmaz. Bu nedenle devletler hep insanlığı sev, hayvanları sev, doğayı sev, çocuklarını, akrabalarını, komşunu sev der. Ama kimse size sizden bahsetmez. Toplumda bir ego patlaması yaşanır işte o zaman.

Halbuki ego kendini sevmeyi öğrendikçe güneş ışığı görmüş bir kar tanesi gibi içinde yavaşça eriyip yok olacaktır. Kendini sevmeden başkalarını sevmeye kalkarsan bir çığın altında kalırsın aksine, ego asıl tam oradadır. Egonun olduğu yerde aşk yoktur. Aşk ile ego güneş ve gölge gibidir. Aşk doğunca ego kaybolur. Onun olmadığı yerde devrim vardır. Ve hiçbir yönetim devrimci halktan hoşlanmaz. Kimse başına bela almak istemez. O nedenle onu sev, şunu sev derler. Ve bu sevgi zorunlu bir bağlılıktan başka bir şey değildir. Bu bağlılık kendi ayağına taşı bağlayıp denize atlamaya benzer. Boğulursun. Gerçek aşk ise seni aksine gökyüzüne çıkarır. Sana kanatlar sunar. Otantik benliğini besler. En güçlü versiyonun ile tanışmaya başlarsın. Ve bu riski hiçbir devlet, kurum, yönetim mekanizması almaz.

Ego ve aşk, insan duygularının dinamik ikilisidir aslında. Güneş ve gölge gibidirler evet, her zaman iç içe geçerler ama asla tam anlamıyla birleşmezler. Ego, size sürekli ne kadar harika olduğunuzu ve hayattaki tüm iyi şeyleri nasıl hak ettiğinizi söyleyen kafanızdaki o sinir bozucu küçük ses gibidir. Kişisel bir amigo kıza sahip olmak gibidir, ama aynı zamanda tam bir oyunbozan da olabilir. Sevgisinin karşılığında her zaman bir şeyler isteyen bir arkadaşa sahip olmak gibidir. Ama şu var ki, egonun olduğu yerde sevgiye yer yoktur. Ego sevgisi tamamen koşullar ve beklentilerle ilgilidir. Karşınızdaki kişiyi olduğu gibi sevmek yerine, onun size ne verebileceğiyle ilgilidir. Bu bir otomatla ilişki içinde olmaya benzer, sevginiz karşılığında her zaman bir şeyler beklersiniz. Ve size söyleyeyim, bu sağlıklı ve tatmin edici bir ilişki için iyi bir reçete değildir.

Carl Jung'a göre ego, düşünceler ve duygular gibi tüm kişisel bilinç eylemlerimizden sorumlu olan bilinçli zihnimizi temsil eder. Dürtüsel id ile ahlaki süperego arasında seyreden gemimizin kaptanı gibidir. Ancak işin can alıcı noktası şudur: Ego bilinçli zihnimizin merkezi olsa da, bilinçdışımızın efendisi değildir. Üç efendiye hizmet eder: dış dünya, süperego ve id. Elbette, başıboş bırakırsak hayatımızı çekilmez hale getirebilir, ancak aynı zamanda psikolojimizin önemli bir yönüdür. Bazen bunaltıcı gelebilen bir dünyada denge ve mantık bulmamıza yardımcı olur. O halde egolarımızı kucaklayalım, ancak gönül meseleleri söz konusu olduğunda onları kontrol altında tutmayı da unutmayalım. Ne de olsa sevgi, ego arka planda kaldığında en parlak halini alır.

Kendini seven insan aşkı da doruklarda yaşar. Çünkü karşısındaki insan ile temelde aynı olduğunu bilir. Ayrıntılarda farklılıklar olsa da özünde herkesin aynı oyunun bir parçası olduğunu ve aynı kurala göre oynadığını bilir. Ufak farklılıkların çeşitlilik yaratacağını, güzel olacağını da bilir. Aşkını kendisine görev olarak addetmez. Aşk zaten görev adamlığını sevmez. Aşk yük kaldırmaz. O sadece keyfidir. Beklenti içine de girmez. Hep vericidir. Görev adamı değildir. Sorumluluk gereği değildir yaptıkları. Âşık kişi yaptıklarıyla yetinmez, her zaman daha fazlasını yapabileceğini düşünür. Sahte aşklar ise tam bir görev adamıdır. Tek amacı vardır: "Partnerime karşı yükümlülüklerimi yerine getireyim." Ebeveynler toplumun görev addettiği işleri çocuklarına karşı yerine getirir. Aynı şekilde çocuklardan da karşılığını beklerler. Kadın bir koca için yapılması gereken görevleri yerine getirir, koca da aynı şekilde. Bu aşk değil, bu bir ticaret.

Nazik bir hatırlatma:

Yürekten sevdiğim,

Sana yine yazıyorum çünkü yalnızım ve kafamın içinde seninle konuşurken senin bunu bilmiyor ya da karşılık veremiyor olmana katlanamıyorum.

Kısa süreli ayrılıklar iyi oluyor, çünkü hep bir arada olunca her şey ayırt edilemeyecek kadar birbirine benzemeye başlıyor. Yan yana durduklarında kuleler bile cüceleşirken, alelade ve ufak tefek şeyler yakından bakınca kocamanlarmış. Küçük tedirginlikler onlara yol açan nesneler göz önünden kaldırıldığında yok olabilir. Yan yanalık dolayısıyla sıradanlaşan tutkularsa mesafenin büyümesiyle yeniden büyüyüp doğal boyutlarına dönerler. Aşkım da öyle.

Zamanın, aşkımı tıpkı güneş ve yağmurun bitkileri büyüttüğü gibi büyütmüş olduğunu anlamam için senin bir an, sırf rüyada bile olsa, benden koparılman yetiyor. Senden ayrılır ayrılmaz sana olan aşkım bütün gerçekliğiyle kendini gösteriyor: O, ruhumun bütün enerjisiyle yüreğimin bütün kişiliğini bir araya getiren bir dev. Böylece yeniden insan olduğumu hissediyorum çünkü içim tutkuyla doluyor. Araştırma ve çağdaş eğitimin bizi kucağına attığı belirsizlikler ve bütün nesnel ve öznel izlenimlerimde kusur bulmaya iten kuşkuculuk bizi küçük, zayıf ve mızmız kılıyor. Ama aşk Feuerbachvari insana aşk değil, metabolizmaya aşk değil, proletaryaya aşk değil, sevdiğine aşk, yani sana aşk, insanı yeniden insanlaştırıyor.

Dünyada çok dişi var, kimileri de çok güzel ama ben, her bir hattı, hatta her bir kırışığı bana hayatımın en büyük ve en tatlı anılarını hatırlatan bir yüzü bir daha nerede bulabilirim? Senin tatlı çehrene sonu gelmez acılarımı, yeri doldurulmaz kayıplarımı bile okuyabilir ve senin tatlı yüzünü öptüğümde acıyı öperim.

Hoşça kal canım. Seni ve çocukları binlerce kere öperim.

Senin, Karl

Manchester, 21 Haziran 1865[1]

1. Karl Marx'tan eşine mektup.

"Sevginin ne olduğunu bulacağız. Bunu yapabilirsek, yaşamımız tamamıyla farklı olabilir; çatışmasız, denetimsiz, herhangi bir savaşım biçimi olmadan yaşanabilir. Biz bunu ortaya çıkaracağız."

Jiddu Krishnamurti, *Sevgi ve Yalnızlık Üzerine*

Aşk seçemez sadece sever.

Gerçek aşk gizemlidir. Başımızı kaşıyıp "Bu nasıl oldu?" diye merak etmemize neden olan sihirli bir numara gibidir. Ona bir kez sahip olduğumuzda, peşinden koşmaya devam ederiz. Doğru kişiyle tanışmak için doğru zamanda doğru yerde olmak yeterli değildir. Aynı zamanda çaba göstermeniz de gerekir. Doğru kişinin aradığı doğru kişi olmak için.

Hayatınızdaki en önemli basamaklardan biri de, onu gördüğünüzde tanımaktır. Eğer hissediyorsanız, yaşayın gitsin. Hissetmiyorsanız, neden hissetmediğinizi bulun ve işe yaramasını sağlayın. Gerçek aşkı bulduğunuza asla pişman olmayacaksınız. Bir yemek tarifi mi, bir şiir kitabı mı yoksa sihirli bir büyü mü? Bunlardan herhangi biri ya da hiçbiri olabilir. Aşkınız sizin aşkınızdır. Zaten bulduğunuzda, bunun şimdiye kadar bulduğunuz en güzel şey olduğunu bilirsiniz.

Bir kişiyle ilk kez çıkmaya başladığınızda, otomatik olarak ona âşık olursunuz. Ancak, bir süre birlikte olduktan sonra, artık âşık olmadığınızı düşünebilirsiniz. Bu doğaldır. Çünkü artık ona odaklanmıyorsunuz, ilişkinize odaklanmış durumdasınız. Partneriniz etrafınızdaki tek kişi olmaktan çıkmıştır.

Eğer bir aşk ilişkisi içindeyseniz, bundan en iyi şekilde yararlanmanız gerekir. Zaman ayırmak önemlidir. Âşık olduğunuz kişinin doğru kişi olduğundan emin olmalısınız. Partnerinizin sizi sevdiğinden emin olmalısınız. Aşk büyük bir şeydir, bu nedenle hiçbir şey için acele etmediğinizden emin olmanız önemlidir. Bunu doğru yaptığınızdan emin olmalısınız. Verebileceğiniz her şeyi verdiğinizden emin olmalısınız. Evet, aşk harika bir şeydir, ancak kendinizi ayrılırken bulursanız, bunun sizi yıkabileceğini bilmeniz gerekir. Partnerinize karşı nazik ve sabırlı olmanız önemlidir. Aşkın büyümesinin zaman aldığını ve bitmesi için hiçbir neden olmadığını hatırlamak önemlidir. Aşkın gizemi de buradan gelir.

Herkes ilişkisinde mucize arar. Kimse asıl mucizenin kendisi olduğu, eşi olduğu idrakine varamaz. Var olmamız başlı başına bir mucizedir. Kimse kendisini değerli görmüyor çünkü. Allah'ın yarattığı en kusursuz canlı olduğunu hatırlamıyor. Daha insan kendini bile sevemiyor. Sen Allah'ın bir yansıması olarak bu dünyadasın ve O'nun bir parçası olan kendine bile katlanamıyorken bir başkasını sevebilmeyi nasıl düşünüyorsun? Başkaları ile bırak aşkı deneyimlemeyi, iletişim kurmayı bile nasıl başaracaksın?

Yaşam boyu uzak bir mesafeden başkalarına bakarız ve uzak bir mesafeden başkaları da bize bakar. Onlarla aramızdaki mesafe karşılıklı bakış açımızdır aslında. Bu bakış açısı bir saygı işareti ya da bir onaylamama işareti olabilir. Bir takdir işareti ya da bir eleştiri işareti olabilir. Niyet asla tam olarak bilinemez, ancak asla yanıltıcı da olamaz. Kendi varlığımızın perspektifinden, bu perspektif görüldüğünde ilk akla gelenin ne olduğunu her zaman biliriz. Ve bu bilginin içinde derin bir empati, derin bir anlayış ve derin bir minnettarlık duygusu vardır. Bu perspektif her zaman oradadır. Ben buna kalp perspektifi diyorum.

Eğer bu bakış açısına aşina değilseniz, o zaman kendinizle daha fazla zaman geçirmeniz gerekir. Bunu yaptığınızda, onu keşfedecek, tanıyacak ve yaşamaya başlayacaksınız. Ve sonra, yaratanın da sizin içinizde olduğunu keşfedeceksiniz. Ve önemli bir hayat yaşamak için ihtiyacınız olan tüm armağanlara sahip olduğunuzu göreceksiniz.

Tanrı gökyüzünde değil, bizim onu bulmamızı bekliyor. Tanrı içimizdedir ve biz O'yuz. Ve içimizden nasıl yaşayacağımızı bildiğimizde, hayatımızın ihtiyacımız olan ve olabilecek her şey olduğunu göreceğiz. İçindeki Tanrı'yı unutan insan kendini de sevemiyor. Daha en baştan yalnız hissediyor. Ve sırf bu yüzden etraflarında devamlı birileri olsun istiyorlar. Birileri olmazsa bile bir şeyler olsun. Ülkemizde ortalama televizyon izleme süresi 5 saat. İnanabiliyor musunuz? "Zaman öldürmek" diye bir kavram var. Vakit o kadar kıymetsiz değil. Var olmak için hiç de yeterli zamanımız yok. Ama sebep hep aynı: Kendinden uzaklaşmak

İnsan kendinden kaçabilmek için hep bir şeylerle uğraşma yolunu bulmuş.

"Kiminle tanışırsanız tanışın, sadece kendinizle buluşursunuz."

Eva-Maria Zurhorst

Bellum omnium contra omnes: Herkesin herkesle savaşı.

Sevgi merkezden başlar ve dalga dalga çepere doğru yayılır, sakin bir göle atılan taş gibi. Merkeze atılan taşın etkisi dışarıya doğru nasıl dairesel hareketlerle yayılıyorsa sevgi de öyle yayılır. Taş sizin kalbiniz, göl ise dünyadır. Sevgi merkezden, içinizden başlar ve sonra etrafınızdaki herkesin hayatına dokunarak çevreye yayılır. Bu tıpkı yağmurda dans eden, birbirlerini çılgınca iten dalgacıklar gibidir. Ve tıpkı bunun gibi, sevgi toplumun koyduğu bariyerleri zorlar, ilgisizliği ve küçümsemeyi aşar ve onları yaşama duyulan saygıya dönüştürür. Kendini sev ve etrafına nasıl ışık saçtığını seyret sadece.

Sokrat "Kendini tanı" der ilk adım olarak ama ben "Kendini sev" diyorum. *Winnie the Pooh* çizgi filminin ana karakteri ayıcık Winnie'yi bilenler vardır. Üzerinde crop bir tişört ve pantolonsuz geziyor. Bu durumdan rahatsız olan bazı ülke hükümetleri pantolonsuz bir ayı gören çocukların bu ahlaksızlıktan etkileneceğini düşünüp oyun alanlarının ve okulların çevresinde bu karaktere ait tüm görselleri yasaklamıştı. Bakış açısı çok önemli. Ben olaya daha farklı yaklaşıyorum. Sokrates ilk adım olarak "Kendini tanı" demiş olabilir ama ben daha mutlu bir yaşamın anahtarının "Kendini sev" olduğunu söylüyorum. Winnie the Pooh'nun pantolonsuz bir üst giydiğini, en sevdiği yemeği yediğini ve kendini sevdiğini hatırlatırım. Yani siz de sevebilirsiniz. Eğer bir ayı crop top giyip yine de kendini sevebiliyorsa, o zaman biz de aynısını yapabiliriz!

Sokrat kendini tanımak ve bilgelik arayışının insanın içdünyasını keşfetmekle başladığını savunur. İnsanlar, kendi değerlerini, inançlarını, düşünce kalıplarını ve duygusal reaksiyonlarını anlayarak daha bilinçli bir şekilde yaşayabilirler der. Evet, haklı ama bunları kendini sevmeden başaramaz bir insan. Sevmediğin bir şeyi tanıyamazsın. Yanlış bir anlayış vardır. Tanıdıkça beni seveceksin denir. Bu tam aksidir. Sevdikçe tanırsınız bir şeyi, kimseyi. Bu nedenle sevmek her şeyin başıdır.

Ne kadar çok bilirsen, o kadar çok seversin derler. Ben farklı düşünüyorum. Benim deneyimlerime göre, aslında tam tersi. Bir şeyleri sevdikçe onları tanımaya başlarsınız çünkü sevdiğiniz şeye karşı daha derin bir anlayış ve takdirle baş başa kalırsınız.

Örneğin çiçekleri ele alalım. Onları güzellikleri ve kokuları için seviyor olabilirsiniz, ancak onları sevdiğiniz biri için bir buket haline getirmeye başladığınızda, göründüklerinden daha fazlası olduğunu fark edersiniz. Narin yapraklarını, canlı renklerini ve bir odayı nasıl aydınlattıklarını takdir etmeye başlarsınız. Aşk, en basit şeylerin içindeki güzelliği görmenizi sağlar. Peki ya hayvanlar? Onları arkadaşlıkları ve sadakatleri için seviyor olabilirsiniz, ancak sevdiğiniz biriyle hamburger yemeye oturduğunuzda, onları farklı bir ışık altında görmeye başlarsınız. Birdenbire, o sevimli küçük inek sadece bir süt veya et kaynağı olmaktan daha fazlası haline gelir. Onların duyguları ve yaşamları hakkında düşünmeye başlarsınız. Sevgi, gözlerinizi tüm canlıların birbirine bağlılığına açar.

Ancak birini severken tanımanın belki de en derin örneği, birinin size sizi sevdiğini söylemesidir. Bu aynı anda hem heyecan verici hem de korkutucudur. Kendinizi onların gözünden görmeye başlarsınız ve belki de o kadar da kötü olmadığınızı fark edersiniz. Bu yüzden, daha çok bilmek ve daha çok sevmek hakkında söylenenleri unutun. Birini gerçekten tanımanın anahtarı sevgidir. Sevgi sayesinde başka bir kişinin ruhunun derinliklerini keşfeder ve onunla daha derin bir bağ kurarız. Bu yüzden oraya gidin ve tüm kalbinizle sevin, çünkü gerçek anlayış ve takdir burada yatar.

Kendini sevmeden tanımaya kalkarsan kendine daha da yabancılaşırsın. Çünkü tanıma yolunda kullanacağın tüm araçlar maniple edilmiş durumda. Beynin, duyu organların, zihnin ve her şey. Gerçeğe karşı duvar ören araçlar onlar sadece. Çünkü bunların hepsi artık ailenin, toplumun, devletlerin ve dinlerin elinde. Evet, bir beynin var ama sana hizmet etmeyen bir beyin o. Gözler maskelere maruz kalan gözler, kulaklar gerçek kisvesi altında bir sürü yalan ile dolu.

Dünyada 208 tane ülke var, her biri farklı ideoloji ile yönetiliyor. Her birinin gerçeği kendine. 4300'den fazla da irili ufaklı din var. Ama gerçek de bir tane, varoluş da. Duyu organlarınla, beynini kullanarak gerçeğe ulaşmak imkânsız. Dolayısıyla kendini tanımak da öyle. Gerçek sana gelene kadar o kadar manipülasyondan geçiyor ki sana vardığında artık kendisi olmuyor. Tek yapman gereken bedenini nadasa bırakmak bir süre. Bedenini bir kenara koy. Kendini sev ve sadece izle. O zaman sana dikte edilen şartlandırmalardan kurtulacaksın. İzle diyorum çünkü gözlerin açık ama sen aymaz bir uykudasın. Şahit ol her şeye. Yemek yerken her bir lokmana, yağmurda yere düşen her bir damlaya şahit ol. Soğuk rüzgârda teninin ürperişini hisset. Bu sonsuz uyanıklığın ve farkındalığın anahtarı. Kendini sev ve izle.

Konu en sevdiğiniz kişi bile olsa önce
kendinizi düşünmeniz gerekiyormuş.
Biraz bencil olmak gerekiyormuş
bunu anladım.

İki kişilik aşk, tek kişilik bencillik.

Sevgi çok güçlüdür. Âşık olduğumuzda, yaşamımız ve eylemlerimiz farklı bir anlam kazanır. Düşünceler, sözler ve eylemler sevginin hizmetine girer ve bu süreçte daha özverili ve daha az bencil oluruz. Sevdiğimizde, diğer kişinin yararı için kendi ihtiyaçlarımızı ve arzularımızı feda ederiz. İşte bu noktada aşkı öldürürüz. Sevgiyi bencillikten ayırt etmek zor olabilir. Bazen aynı kişide hem sevgi hem de bencillik aynı anda bulunur. Ancak sevgi bencil olmadığı için, bencillik olmadan da sevgiye sahip olmak mümkündür. İnsanlar birincil bir aşk ilişkisi yaşadıklarında, genellikle daha az bencil oldukları bir dönem yaşarlar. Başka bir deyişle, birini sevdiğimizde ihtiyaçlarımızın ve arzularımızın karşılanması konusunda daha az endişe duyarız. Asıl zorluk, ilişkinin yoğunluğu azalmaya başladığında ve daha bencil eylemler ve düşünceler içine girmeye başladığımızda ortaya çıkar.

Güzel bir alıntıya denk geldim kimin yazdığını bilemediğim. Diyor ki:

"Hayatlarınızda herhangi bir şeyin -fazlasının- tehlikesini anlayın. Savaşta çok fazla öfke, pervasızlığa ve ölüme yol açabilir. Dini inançlara çok fazla hayranlık, dar görüşlülüğe ve

zulme yol açabilir. Çok fazla öfke, umursamazlığa ve ölüme yol açabilir. Aşkta çok fazla tutku, sevilen kişinin rüya görüntülerini yaratır; sonuçta sahte olduğu ortaya çıkan ve öfke yaratan görüntüler. Çok fazla sevmek, balı bıçağın ucuyla yalamak demektir."

Evet, çoklar sıkıntı ancak bu kendini sevmene ve dozunda bencil olmana engel değil. Bencillik, toplumda genellikle olumsuz bir kavram olarak algılanır. Toplumun bencillik üzerindeki etkisi, görüşlerimizi şekillendirir ve bencillikle ilgili olumsuz bir tutum geliştirmemize neden olabilir. Başkalarını düşünmek ve yardımcı olmak değerli kabul edilirken, kendimize öncelik vermek sıklıkla eleştirilir. Ancak, tamamen toplumun beklentilerine göre yaşamak yerine, kendi ihtiyaçlarımızı karşılamak ve kendimize değer vermek önemlidir. Ancak kişisel refahı ve mutluluğu bulanlar aşkı da tadabilirler çünkü. Bencillik, toplumda sık sık suçluluk duygusuyla ilişkilendirilir. Ancak, onu kucaklamak, suçluluk hissetmeden kendimize öncelik vermenin önemini anlamamızı sağlar.

Başkalarının beklentilerine göre yaşamak ve sürekli olarak başkalarını mutlu etmeye çalışmak, kendimizi ihmal etmemize ve tükenmiş hissetmemize neden olabilir. Bu tür bir davranış, uzun vadede sağlığımızı etkileyebilir ve mutsuzluğa yol açabilir. Ölçülü bencillik, diyetteyken suçluluk hissetmeden bir dilim pasta yemek gibidir. Başkalarının refahını tamamen göz ardı etmeden kendi ihtiyaçlarınıza ve arzularınıza öncelik verdiğiniz o tatlı noktadır. Dürüst olalım, hepimizin herhangi bir kesinti olmadan sadece "kendimize zaman ayırmak" istediğimiz anları vardır.

Örneğin, öz bakım genellikle bencillik olarak görülür, ancak duygusal, zihinsel ve fiziksel sağlığımızı korumak için gereklidir. Gerektiğinde yardım istemek, dinlenmek için zaman ayırmak ve yalnız kalmak öz bakımın bir parçasıdır. Bu, kendinizi ilk sıraya koymak ve başkalarının yanında olabilmek için yeniden şarj olmanız gerektiğini kabul etmekle ilgilidir. Bir dahaki sefere biri sizi mola verdiğiniz için bencil olmakla suçladığında, onlara her şeyin daha iyi olması için olduğunu hatırlatın.

Ölçülü bencilliğin bir başka yönü de zehirli ilişkileri veya durumları sona erdirme becerisidir. Bazen kendimizi zararlı veya yıpratıcı durumların içinde buluruz ve bu durumlardan uzaklaşacak cesarete sahip olmak önemlidir. Bu, başkalarına karşı kaba veya düşüncesiz olmakla ilgili değil, daha ziyade kendi kişisel gelişimimize ve esenliğimize öncelik vermekle ilgilidir. Eğer birisi size zehirli bir arkadaşınızla bağlarınızı kopardığınız ya da zehirli bir işten ayrıldığınız için bencil olduğunuzu söylerse, bunu kendi akıl sağlığınız için yaptığınızı söyleyin.

Elbette sağlıklı bencillik ile düpedüz benmerkezci olmak arasında ince bir çizgi vardır. Bir denge kurmak ve bencilliğin bizi tüketmesine izin vermemek önemlidir. Sonuçta, hiç kimse yalnızca kendini düşünen ve başkalarının duygularını veya ihtiyaçlarını asla dikkate almayan bir kişiden hoşlanmaz. Bu nedenle, ölçülü bir şekilde biraz bencilliği kucaklayalım, kendimize biraz özen gösterelim ve kendimize özen göstermenin sadece bizim için iyi olmadığını, aynı zamanda çevremizdekilere de fayda sağladığını hatırlayalım. Çünkü başkalarına yardım etmeden önce kendi oksijen maskenizi takmalısınız.

Ne diyordu Franz Kafka *Milena'ya Mektuplar* kitabında:

> *"Eğer mutluluktan*
> *ölünüyorsa, bu benim*
> *başıma gelmeli."*

Peki, aşkta bencil olmak ilişkilerimize nasıl katkıda bulunabilir?

Aşkın gerçek olup olmadığını ve zamanınıza değip değmeyeceğini öğrenmek için mi bekliyorsunuz? İnsanların sizi sevdiklerini söylediklerinde ve âşık olduklarını düşündüklerinde yalan söylediklerini mi düşünüyorsunuz? Çok az kişi sevmenin ve karşılığında sevilmenin ne kadar karmaşık olduğunun farkındadır. Aşkın harika bir şey olduğunu söylemek kolaydır, ancak onu bu kadar özel yapan şeyin ne olduğuna bakmak daha önemlidir. Kalbiniz size farklı bir şey söylüyor olabilir. Aşkın gerçek ve zaman ayırmaya değer olup olmadığını öğrenmek istiyorsanız, işe aşk ve bencillik hakkında bilgi edinerek başlayın. İnsanlar birçok yönden bencil olabilirler. Bencil olmak kötü bir insan olduğunuz anlamına gelmez.

Aşk, genellikle fedakârlık ve özveriyle ilişkilendirilirken, bencillik kavramı pek olumlu bir çağrışım yapmaz. Ancak, bazen ilişkilerimiz için bencil olmanın da belirli faydaları olabilir. İlk bakışta çelişkili gibi görünse de, doğru şekilde uygulandığında, bencil olmak ilişkilerimizin büyümesine ve sağlıklı bir şekilde gelişmesine yardımcı olabilir.

Bazen aşk hayatınızda bencil olmanız gerekir ve inanın bana, bu her zaman kötü bir şey değildir. Yani, kim bir ilişkide tam bir paspas olmak ister ki? Sınırlarınızın olması ve zaman zaman kendi ihtiyaçlarınıza öncelik vermeniz önemlidir. Elbette, özverili olmak değerlidir, ancak bencil olmak aslında aşk hayatınızın belirli yönlerinde faydalı olabilir.

- Bencil olmanın tamamen kabul edilebilir olduğu bir alan mesela size nasıl davranılması gerektiğidir. Hak ettiğinizden daha azına razı olmayın. Saygı talep edin ve sırf bir başkasını memnun etmek için öz değerinizden ödün vermeyin. Siz bir avsınız ve bunu her zaman hatırlamalısınız.

- Kariyerinizi de unutmayalım. Hayallerinizin ve hedeflerinizin peşinden gitmek sizi asla suçlu hissettirmemelidir. Partneriniz profesyonel çabalarınızda sizi desteklemeli ve cesaretlendirmelidir. O yüzden hiç çekinmeden terfinizin peşinden gidin ya da kendi işinizi kurun.
- Yatak odasındaki tercihleriniz söz konusu olduğunda bencil olmanızda da hiçbir sorun yok. Ne istediğinizi ifade etmeyi ve kendi zevkinizin kontrolünü elinizde tutmayı hak ediyorsunuz.
- Ya da gardırobunuz, suçluluk hissetmeden bencil olabileceğiniz bir başka alandır. İlişkinizi nasıl etkileyebileceğine bakmaksızın, sizi güvende ve rahat hissettiren şeyleri giyin. Orta yolu bulmak için de çabalayabilirsiniz belki ancak moda bir kendini ifade etme biçimidir sonuçta ve bunu asla kimse için feda etmek zorunda kalmamalısınız.
- Politikalarınız ve inançlarınız size aittir. Bir ilişki içinde olmanız, temel değerlerinizi değiştirmeniz veya ilkelerinizden ödün vermeniz gerektiği anlamına gelmez. Partnerinizden farklı olsalar bile kendi görüşlerinize sahip olma hakkına sahipsiniz.

Yani evet, bazen aşk hayatınızda bencil olmanız gerekir. Bunu kucaklayın! Kendinize iyi bakın, ihtiyaçlarınıza öncelik verin ve zaman zaman kendinizi ilk sıraya koymaktan korkmayın. Her şey bencillik ve öz bakım arasında sağlıklı bir denge bulmakla ilgilidir.

Küçük bir kasabada mutlu bir çift yaşıyordu. Birçok insan bencilliği olumsuz bir özellik olarak görürken, bu çift kendi refahları ve mutlulukları için gerekli olan belirli bir düzeyde öz bakım olduğuna inanıyorlardı.

Hayatın çoğu zaman bunaltıcı ve zorlu olabileceğinin farkındaydılar. Kendilerine iyi bakmanın sadece kendi zihinsel ve fiziksel sağlıkları için değil, aynı zamanda bir çift olarak ilişkileri için de faydalı olduğunu biliyorlardı. “Kendini tedavi etme” kavramına inanıyor ve bunu yaşamda sağlıklı bir denge kurmanın gerekli bir yönü olarak görüyorlardı.

Sık sık hafta sonu kaçamakları yapmak, spa günlerinin tadını çıkarmak ya da sadece rahatlamak ve gevşemek için bir akşam izin almak gibi küçük zevklerin tadını çıkarırlardı. Kendilerine zaman ayırarak yeniden şarj olabileceklerini ve birbirleri ve çevrelerindekiler için daha hazır olabileceklerini anladılar.

Bununla birlikte, tamamen bencil de değillerdi. Geri vermenin ve başkalarının yanında olmanın önemine de değer veriyorlardı. Fedakârlığın gücüne inanıyorlardı ama kendilerine bakmakla başkalarına yardım etmek arasında bir denge kurmanın gerekli olduğunun da farkındaydılar.

Çeşitli toplum hizmeti projelerine katıldılar ve yerel hayır kurumlarını desteklemek için gönüllü olarak zaman ayırdılar, sokak hayvanları için çabaladılar. Başkalarına yardım ederek sadece ihtiyaç sahiplerinin hayatları üzerinde olumlu bir etki yaratmakla kalmayıp aynı zamanda bir tatmin ve amaç duygusu da yaşadıklarını anladılar.

Bencillikte ölçülü olmaları, başkalarına karşı şefkatli olurken aynı zamanda tatmin edici yaşamlar sürmelerini sağladı. Sağlıklı bencilliğin kendi refahları için gerekli olduğunun farkındaydılar, ancak bunun empati ve cömertlik kapasitelerini gölgelemesine asla izin vermediler.

Şunu unutmayın, ancak bencil bir insan bencillikten tamamen arınabilir. Bu çok çelişkili bir ifade gibi geliyor çünkü öyle öğretildi yaşam boyu. Aslında bencil olduğun için doktorluk, öğretmenlik yapıyor, hastalara, öğrencilere bakıyorsun. Topluma hizmet etmek ile ilişiği yok bunun en derinlerde. Fakir insanlara destek oluyorsun, bir öğrenci okutuyorsun. Hatta namaz kılıp, oruç tutuyorsun. Bu eylemlerin tek nedeni bencil olman. Çünkü öyle mutlu oluyorsun. O zaman bencil olmanın neresi kötü?

Bencil insan kendi mutluluğunu ön plana koyar. Ancak bunu başarabilmek için başkalarının mutluluğuna sebep olman gerekir dolaylı bir şekilde. Eğer çevrendekiler mutlu ise ancak sen de o zaman mutlu olabilirsin çünkü. Onlar için istemez mutlu olmalarını özünde, kendisi için ister. Bu bir döngüdür. O nedenle inanıyorum ki bu dünyada herkes kendini sevse ve gerçekten biraz bencilleşse herkes mutlu olacak, bencillik o zaman tam anlamıyla ortadan kalkacaktır. Ve aşk saracaktır her yeri. Aşk da zaten en büyük bencillik değil midir?

Şifre 3

Hiç Kimsesizliğin İçindeki Sonsuz Evren: Kendi Başınalık

Yalnızlık kara bir deliğe bakmaktır.
Kendi başınalık ise aynaya bakmaktır.

In solis sis tibi turba locis: Issız yerlerde kendin için bir evren ol.

Gençken, çoğumuz romantik aşkın bize mutluluk getirebilecek tek şey olduğu inancını benimseriz. Zaman geçtikçe ve büyümeye başladıkça, sizi sevecek birini bulmanın yeterli olmadığını fark etmeye başlarsınız. Birçokları için bu kabul edilmesi zor bir gerçek olabilir. Romantik aşk güçlüdür ve hayatınızı değiştirebilir. Ancak aşkla birlikte çok fazla sorumluluk da gelir.

Bu noktada "Yalnız olmak mı yoksa âşık olmak mı daha iyidir?" sorusu gündeme gelir. Size yalnız olmanın mı yoksa âşık olmanın mı daha iyi olduğunu söyleyecek birini asla bulamazsınız. Her ikisi de önemlidir ve birbirinden ayrılamaz aslında.

Ancak çoğu insan yalnız olmanın olumsuz bir şey olduğunu düşünür, gerçekte ise yalnızlık insan doğasının bir parçasıdır. İnsanlık tarihinde, bazı büyük düşünürler ve sanatçılar yalnızlıkla bağlantı kurarak derin bir içsel anlayışa ulaşmışlardır. Yalnızlık, insanın kendi benliğiyle bağlantı kurma ve gerçek özünü keşfetme fırsatı sunar.

İnsan, yalnızlıkla karşılaştığında korku veya rahatsızlık hisseder. Bu durum, modern dünyanın sürekli olarak "bağlı" kalma beklentisinden kaynaklanmaktadır. Ancak yalnızlık, kendimizle baş başa kalma ve içsel bir huzur bulma fırsatıdır. Zihnimizin derinliklerine dalmak ve gerçek kimliğimizi keşfetmek için bir fırsattır. Tabii eğer bunu kendi başınalığa evirebilirseniz.

Yoğun bir dünyada yaşarken, kendi başınalığı kucaklamak önemlidir. Sürekli olarak dış etkenlere maruz kalmak zihinsel ve duygusal açıdan yıpratıcı olabilir. Ancak kendi başınalık bu gürültülü dünyada sessizliği ve içsel huzuru bulma fırsatı sunar.

Alman Arthur Schopenhauer genellikle karamsar bir filozof olarak bilinir. Aslında birçoğunuzun da katılacağı gibi o, hayatın "acı ile can sıkıntısı arasında bir sarkaç gibi sallandığını" düşünüyordu. Upanişadlar okuyordu, hayattaki tüm bu sefaletin nedeninin sonu gelmeyen arzularımızdan kaynaklandığına inanıyordu. Haklıydı. Yalnızlık sadece fiziksel bağlamda düşünülemez. Asıl yalnızlık olmayan bir isteği arzulamaktan başka bir şey değildir özünde. Bu arzu ile birlikte gelen boşluk hissi, terk edilmişlik ve muhtaçlık duygusu ve nihayetinde kimsesizlik.

Ancak kendi başınalık tamamen başka bir şeydir. Gerektiğinde inzivaya çekilmek ve kendi arkadaşlığından büyük keyif almaktır. Bu şekilde kendimizle bir bütünlüğe ulaşırız ve istediğimiz kadar özgür düşünebilir, istediğimiz kadar dürüst olabiliriz. Yalnızlık kara bir deliğe bakmaktır. Kendi başınalık ise aynaya bakmaktır, düşüncelerimizin istediğimiz yere gidebileceği özgürlük ve dürüstlük yeridir. Kendinle konuşmak, kendinle barışmak için bir fırsattır.

Lao Tzu, Nietzsche ve Emerson gibi birçok büyük düşünür yalnızlığın entelektüel ve ruhsal faydalarını savunmuş olsa da, doğumumuzdan itibaren bize sosyalliğin iyi olduğu, kalabalığın mutluluk getirdiği ve aidiyet duygusunun önemli olduğu öğretiliyor. Elbette bunlarda gerçeklik payı var. Ancak sosyallik bize bir şeyler kazandırdığında bir şeylerden de mahrum bırakıyor. Zaten kendi başınalık başka insanlarla birlikte olmaktan kaçınmak değildir. Tam aksine varoluşla bir olmak demektir. Lao Tzu'nun sözleriyle:

> *"Sıradan insanlar*
> *yalnızlıktan nefret eder.*
> *Ancak bilge kişi, kendi*
> *yalnızlığını benimseyerek ve*
> *tüm evrenle bir olduğunun*
> *farkına vararak bunu*
> *kullanır."*

Kendi başınalık, yaratıcı zihnin kendini olduğu gibi ifade edebileceği yerdir çünkü diğer insanların ve etrafınızdaki dünyanın taleplerinden kurtulduğunuzda, cevabını aradığınız sorulara odaklanmak için zihinsel alanınızı serbest bırakırsınız. Ünlü mucit Nikola Tesla'nın şu sözü de beni destekliyor:

> *"Zihin, inzivada ve*
> *kesintisiz yalnızlıkta*
> *daha kesin ve keskindir.*
> *Özgünlük, yaratıcı zihni*
> *sakatlamak için üzerimize*
> *saldıran dış etkenlerden*
> *uzak, inzivada gelişir.*
> *Yalnız ol – buluşun sırrı*
> *budur:Yalnız ol, işte o*
> *zaman fikirler doğar."*

"Öyle büyümüş ki içimizdeki yalnızlık
sevilmeyi beklerken, beklemeyi sevmişiz."

Cemal Süreya

Aidiyet, iki ucu keskin bir kılıçtır.

Araştırmalar, aşırı yalnızlık ve sosyal izolasyon yaşayan kişilerin yüksek düzeyde strese maruz kaldığını gösteriyor. Ayrıca uyku bozukluklarından solunum hastalıklarına, kalp hastalıklarından mide-bağırsak sorunlarına ve kansere daha yatkın olduklarını gösteriyor. Brigham Young Üniversitesi'nde yapılan bir araştırma, izolasyonun erken ölüm riskini yüzde 50'ye kadar artırabildiğini ileri sürüyor.

Ancak kendi başınalık iyileştirici ve onarıcıdır aksine. Kendi ile arkadaş olan insanlar daha az depresyon yaşarlar. Çünkü yalnızlık bir hediyedir onlar için. Boşluk hediyesi. Birinin dünyasına ara vermek. Bunu yapmak için kendinize izin vermek. Düşünürken sessiz kalabilmek. Şu anda, bu hayatta olduğunuz kişiyi sevmek.

Kendi başınalık:

- ***Üretkenliği artırır:*** Dikkat dağıtıcı unsurları ve kesintileri ortadan kaldırarak daha iyi konsantre olabilirsiniz ve daha etkin bir şekilde iş yapabilirsiniz.
- ***Zihninizi canlandırır:*** Dikkatinizi dağıtacak şeylerden uzak durmak, zihninizi yenilemenize ve daha net düşünmenize olanak sağlar.

- ***İç farkındalık sağlar:*** İçsesinizi duymanıza ve kendiniz, sevdikleriniz ve sevmedikleriniz, hedefleriniz ve tutkularınız hakkında kendinizi keşfetmenizi sağlar.
- ***Derin düşünmeyi destekler:*** Çevrenizdekilere verdiğiniz taahhütlerden ve sorumluluklardan uzaklaşarak derin ve yaratıcı düşünmekte daha özgür olursunuz.
- ***Başkalarıyla daha iyi ilişkiler sağlar:*** Kendinizle vakit geçirerek etrafınızda kimin olmasını istediğinizi daha iyi anlar ve ona göre ilişkilerinizi şekillendirirsiniz.

Yadsınamaz bir gerçek var. İnsan doğadaki en gelişmiş varlık olmasına rağmen, dünyaya geldiği zaman en savunmasız olanıdır. Doğumdan itibaren bir ailenin korumasında yetiştirilmeyle başlayan süreç her zaman insanlarla beraber olmak zorunluluğuna kadar gidiyor. Bu kalabalığa ve bir yerlere ait olma hissi neticesinde kendi başınalığın hazzına bir türlü ulaşamıyor. Bu anlamda aidiyet, iki ucu keskin bir kılıçtır. Bir yandan temel insani ihtiyacımızı karşılar ve bize bir amaç ve tatmin duygusu verir. Ancak diğer yandan bölünmeye ve dışlanmaya yol açabilir. Lisede bir çetenin üyesi olmak gibi – elbette, kendi küçük çetenize sahip olmak harika hissettiriyor, ama ne pahasına? Belirli bir gruba ait olmak "bize karşı onlar" zihniyetini yaratabilir ve bu durumda özel kulübümüze uymayanları yargılamaya ve ötekileştirmeye başlarız. Birdenbire, her şey kimin içeride kimin dışarıda olduğuyla ilgili hale gelir ve dışarıda farklı inançlara veya bağlılıklara sahip olabilecek ilginç insanlarla dolu bir dünya olduğunu unuturuz. Kendi grubumuza o kadar takıntılı hale geliriz ki başkalarının sunabileceği armağanları ve desteği kaçırırız.

Diğer yandan, aidiyet duygusundan yoksun olmak aslında bazı ciddi ruh sağlığı sorunlarına yol açabilir. Depresyon, anksiyete ve hatta intihar... Evet, dozunda yaşanmayan aidiyet bölünme ve dışlanma açısından zararlı olsa da, olumlu yönlerini de kabul etmek önemlidir. Bize refahımız için çok önemli olan bir bağlantı ve destek duygusu verir. Sosyal psikolog Geoff Cohen'e göre, bir aidiyet krizinin tam ortasındayız. Her beş insandan biri kronik yalnızlıktan mustarip ve bu dışlanmışlık hissi zihinsel ve fiziksel sağlığımıza zarar veriyor. Sanki hepimiz sırtımızda görünmez "Gör beni!" tabelalarıyla dolaşıyor, birilerinin bizi fark etmesi ve bir şeylere dahil etmesi için sessizce yalvarıyoruz. Ancak üzücü gerçek şu ki, çoğu zaman başkalarındaki bu duyguyu fark edemiyoruz ve hatta kendimiz de buna katkıda bulunuyoruz. Kendi hayatlarımıza ve gruplarımıza o kadar kaptırıyoruz ki kendimizi, dışlanmış hissedenlere ulaşmayı unutuyoruz. Bunun sonuçları ise korkunçtur: Fiziksel hastalıklar ve tehlikeli inançlara karşı savunmasızlık.

Bizi ayıran o görünmez duvarları yıkalım ve hayatı bu kadar ilginç kılan çeşitliliği kucaklayalım. Sonuçta, hepimiz aynı gruba ait olsaydık sıkıcı olmaz mıydı? Elbette farklılıklarımızı kutlayalım ve herkesin kendini ait hissettiği bir dünya yaratalım. Fakat insan ne yapıyor bunun yerine? Bir takım tutmak, bir partiye üye olmak, bir gruba bağlanmak gibi türlü türlü yollar deniyor. Ve kendine bu kalabalık içinde farklı bir kimlik yaratıyor. Yalnızlık işte o zaman bir nevi intihar girişimi oluyor birey için. Çünkü gruptan ayrılmak demek kendi elleriyle yıllar süren uğraşlar sonucu yarattığı o farklı kişiliğin ölümü, ortadan yok oluşu anlamına geliyor. Çünkü ait olduğun yerlerde bir kimliğin, bir unvanın vardır. Bir anda mesleki saygın sıfırlanıyor, üniformanı çıkarıyorsun. Kendinle baş başa kalıyorsun. Artık hiçbir şeyi, hiç kimseyi temsil etmiyorsun.

Peki, sen kimsin? Bu soruyla yüz yüze gelmek korkutucudur. Çünkü kimse risk almayı sevmez, yeniden keşfetmeyi, sıfırdan başlamayı istemez. Ama artık kendi başınasındır ve ilk kez kim olduğunu keşfetmek zorundasındır. Bulman gereken şey hiçliktir. Olmayanı bulmaya çalışmak ne kadar zor değil mi? Kimse hiç olmayı istemez çünkü. Halbuki hepimiz bir hiçiz. Bu arayış korkutucudur. Arayıp, benimsemen gereken bir kendi başınalık vardır. Toplumun sana sunduğu kişiliğini elinin tersiyle bir kenara itmişsindir. Ve çıktığın yolda kendine rastlayabileceğinin bir garantisini de kimse sana vermez.

Bu cesaret meselesidir. Zaten aşk da cesurların işidir. Ama önce var olman gerekir. Gerçek kimliğinle var olman gerekir, hayatın sana mecbur kıldıklarıyla değil. Ancak o zaman kendini sevebilirsin. Ve ancak o zaman başkalarını da sevebilirsin. Kendini seviyor musun cidden? Bu yaşamı, bu varoluşu seviyor musun? Nasıl sevebilirsin ki? Aslında çok az insan bu sevgiyi deneyimleyebilir. Diğer herkes rol peşindedir. Çünkü ancak gerçek kimliğinle varsan gerçekten sevebilirsin. Şu ana kadar hep kalabalığın bir parçası olarak hareket ettin. Önce kendi başına var olmayı deneyimlemelisin. Sonra gerçekten sevebilirsin.

Bu soruların cevabı seni aşka götürür. Gerçek aşka. Birisi ile yaşayacağın gerçek bir ilişkiye ancak böyle yelken açabilirsin güvenli sularda. Ama birisiyle beraber olmak cidden riskli ve zor bir iştir. Mutsuz da olabilirsin, işkence gibi bir hayat da bekliyor olabilir seni. Bunun nedeni takındığın kolektif maskelerdir. Önce maskeni çıkar, kendini bul, kendini sev ve sonra başkaları için düşün bunu.

"Küçük Prens yine konuşmaya başladı:
'İnsanlar nerede?
Çölde biraz yalnızlık duyuyor kişi...'
'İnsanların arasında da
yalnızlık duyulur' dedi yılan."

Antoine de Saint-Exupéry, *Küçük Prens*

Yalnızım, yalnızsın, yalnız.

Yalnız doğar her insan ve yalnız ölür. Burada hemfikiriz. Ve bu ara süreçte de yalnız yaşar. Ama bunun farkında değiliz. Senin algıladığın yalnızlık değildir bu. Senin bildiğin yalnızlık bir nevi hastalıktır. Kendi başınalık ise nefestir. Sartre'a şu cümleyi kurduran farkındalık da buradan gelir:

"Cehennem diğer insanlardır."

Özgürlük ve kendi başınalık birbirinden ayrılamaz iki kavramdır bu nedenle. Bir yere ait olma hissi, sosyal varlık olma mecburiyeti ve dayatması kendi başınalıktan kaçmak adına boyun eğilen bir çeşit köleliktir aslında. Çünkü insan en çok kendiyle yüzleşmekten korkar. Demokrasi adı altında ağızlara bir parmak özgürlük çalınır. Ama bu verilen bir özgürlüktür. Özgürlük verilmez. Özgür olunur. Bu toplumun sana dayattığı "Kölemiz olursan özgür de olursun..." kandırmacasıdır. Ve öyle bir çıkmaz düzen içerisindeyiz ki esaret kaçınılmazdır. Çünkü hiçbir toplum salt özgürlük sunamaz. Şehir değiştirebilirsin, ülke değiştirebilirsin ancak toplum hep oradadır. Ya da hiç evden çıkma istersen. O zaman evindeki çiçeklerle, pencere kenarına konan kuşlarla kendine bir toplum yaratırsın. Her sabah kuşların gelip pencerene konmasını bekler durursun bu sefer de endişeyle. Bağımlılık böyle bir şey işte. Evlendiğinde eşine de aynı beklentileri sunarsın. Toplum varsa endişe ve bağımlılık hep var olacaktır.

Toplum, insanın başkaları olmadan eksik olduğu ve bu nedenle varlığının tamamlanması için onlara (yani diğer insanlara) bağımlı olduğu fikrine dayanmaktadır. Asıl soru, burada kimin dışarıda bırakıldığıdır. Toplum olmadan yaşayamayan gerçekten sadece insan mıdır? "Yalnız ada" rolünü üstlenen toplum mudur? Yoksa eksik ve ürkek olan ve tamamlanmak için başkalarının desteğine ihtiyaç duyan insan mı? Bu durumda, eksik, ürkek ve tamamlanmak için başkalarının desteğine ihtiyaç duyan insan üçüncü seçenek olacaktır.

Bunu bir uzvu eksik olan bir kişi örneği olarak ele alırsak, sorunun sadece fiziksel bir sorun olmadığını anlarız. Bu duygusal bir sorundur ve bu yüzden birey tarafından özlenmektedir. Aile, arkadaşlar ve hatta sevgililer tarafından özlenmemektedir. Bu, bireyin kendini eksik hissetmesi ve bunun sonucu olarak hayattan zevk alamamasıdır. Bunun çözümü de bireye başka bir uzuv eklemek değildir. Ya da belki bir uzuv nakli gerçekleştirmek de değildir. Çözüm kişinin kendi içine bakmasıdır. Ruhunuzun bir parçasının eksik olduğunu fark ederseniz, o zaman bu boşluğu doldurabilirsiniz. Bunu yaparsanız, artık eksik olmayacaksınız. Bunu yaparsanız, varlığınızın tamamlanması için artık başkalarına bağımlı olmayacaksınız.

Nedir bu toplum takıntısı, biriyle birlikte olma mecburiyeti ya da bir yerlere ait olma hissinin kaynağı? İhtiyaç duyulma isteği. Evet, sana birileri ihtiyaç duysun istiyorsun derinlerde bir yerde. Sonsuz aidiyet arayışı! Sanki hepimiz dev bir saklambaç oyununun parçasıyız ve umutsuzca sonunda "Sen buraya aitsin dostum..." diyecek bir kişi ya da grubu arıyoruz. Bu, kırmızı ve beyaz çizgili bir denizde Waldo'yu bulmaya çalışmak gibi, ancak çizgili bir gömlek yerine bir amaç ve bağlantı duygusu arıyoruz. Dürüst olalım, hepimiz ihtiyaç duyulmak isteriz. Yani, kim birinin hayatında süper kahraman olmak istemez ki?

Peki ama bu takıntı nereden geliyor? İnsanlar doğaları gereği etkileşim ve arkadaşlıktan beslenen sosyal yaratıklar oldukları için mi? Yoksa kendi düşüncelerimizle uzun süre yalnız kalmaktan gizliden gizliye korktuğumuz için mi? Belki de her ikisinden de biraz. Sonuçta kim gerçek insanlarla sohbet etmek ve politika ya da en sevdiği dizinin son bölümü hakkında anlamlı konuşmalar yapmak varken günlerini kafasının içindeki seslerle konuşarak geçirmek ister ki?

Ama şöyle bir şey var: Toplulukta gezinmek zor olabilir. Mükemmel selfie açısını bulmaya çalışmak gibi – en iyi tarafınızı göstermek istersiniz, ancak aynı zamanda çok çaresiz veya muhtaç görünmek istemezsiniz. Kendinizden daha büyük bir şeyin parçası olmak istersiniz, ancak aynı zamanda bireyselliğinizi korumak ve uygunluk denizinde kaybolmamak istersiniz. Bu hassas bir denge, alevli meşalelerle hokkabazlık yaparken ipte yürümek ve kendi ayakkabı bağcıklarınıza takılmamaya çalışmak gibi.

Derinlerde bir yerde hepimiz onaylanmaya ve bir amaç duygusuna ihtiyaç duyarız. Birinin bize bakmasını ve "Sadece içinde bulunarak hayatımı daha iyi hale getiriyorsun..." demesini isteriz. Bu tıpkı bir partide pizzanın son dilimi olmak gibidir – herkes sizden bir parça daha ister çünkü lezzetli ve harika olduğunuzu bilirler. Ancak ihtiyaç duyulmanın değerimizi veya mutluluğumuzu tanımlamaması gerektiğini hatırlamak da önemlidir. Bizler birilerinin duygusal koltuk değneği ya da yardımcısından daha fazlasıyız. Bizler hayalleri, arzuları ve zaman zaman palyaçolara karşı mantıksız korkuları olan karmaşık varlıklarız.

İnsanların kendilerine ihtiyaç duyulma isteğinin altında yatan bazı faktörler:

- Anlam ve değer arayışı: "Yahu, bırakın hayatın anlamını aramayı, sabahları anahtarlarımı bile zor buluyorum..." ya da değer konusunda "Hâlâ marketler arasında bir şeyleri en uygun fiyata nasıl alacağımı bulmaya çalışıyorum..." diyorsunuz belki de. Ancak öyle ya da böyle insanlar, hayatlarının anlamlı ve değerli olduğunu hissetmek isterler. Başkalarının kendilerine ihtiyaç duyması, bu anlam ve değer arayışını tatmin etmeye yardımcı olabilir.
- Akla gelen faktörlerden biri onaylanma ihtiyacıdır. Kabul edelim ki hepimiz bu dünyada önemli olduğumuzu hissetmek isteriz. Kendimizi önemli hissetmenin başkaları tarafından ihtiyaç duyulmaktan daha iyi bir yolu olabilir mi? Bu, arkadaş grubunuzda moda ya da flört konularında tavsiye almak için başvurulan kişi olmak gibidir. Neden sürekli size geldiklerini bilmeyebilirsiniz ama en azından size ihtiyaç duyulduğunu hissedersiniz!
- Bir diğer faktör de kaçırma korkusudur. Kimse aksiyonun dışında kalmak istemez, değil mi? Dolayısıyla birisi sizden yardım istediğinde, bu heyecan verici bir şeyin parçası olmanız için bir davet gibidir. Belki de arkadaşınızın yeni dairesine taşınmasına yardım etmek

ve muhteşem manzarasına gizlice göz atmaktır. Ya da belki de şehirdeki en iyi Kore restoranını bulmak için gizli bir göreve katılmanız isteniyordur. Görev ne olursa olsun, ihtiyaç duyulmak size tüm eğlence ve maceraya ön sıradan katılma imkânı verir.

- Tabii bir de başkalarına yardım etmenin verdiği tatmin duygusu var. Sadece bir randevu için mükemmel kıyafeti seçmelerine yardımcı olmak bile olsa, birinin hayatında bir fark yarattığınızı bilmek iyi hissettiriyor. Bu, başka birinin hikâyesinde yardımcı bir rol oynamak gibidir ve kim harika bir hikâyenin parçası olmayı sevmez ki? Ayrıca, gelecekte hikâye anlatmak için size harika malzemeler verir. Arkadaşlarınızı bir moda felaketinden nasıl kurtardığınız veya bozuk bilgisayarlarını tek başınıza nasıl tamir ettiğiniz gibi kahramanlık hikâyelerinizle eğlendirebilirsiniz. Sherlock Holmes ya da MacGyver'ın kendi kişisel versiyonunuz olmak gibi.

Ancak ihtiyaç duyulma arzusu başlangıçta ne kadar heyecan verici görünse de, ne zaman tehlikeli bir bölgeye kaymaya başladığını fark etmek önemlidir. Düşük özsaygı ve başkalarının onayına aşırı bağımlılık, bu arzunun aşırıya kaçmasından kaynaklanabilecek potansiyel tuzaklardır.

İhtiyaç duyulmayı istemek ile sağlıklı bir öz-değer duygusunu sürdürmek arasında bir denge bulmak çok önemlidir. Sonuçta, hepimiz sadece kalabalıkta bulunabilmek için değil, kendimiz olduğumuz için değerli hissetmeyi hak ediyoruz.

"Yirmi yaşımdaki halime dönüp baktığımda,
hatırladığım, ölesiye bir tek başınalık
duygusu, aşırı bir yalnızlık hissiydi.
Ne bedenimi ve yüreğimi ısıtacak bir sevgilim
ne de içimi dökebilecek bir arkadaşım vardı.
Bir günü ne yaparak geçirmem gerektiğini
bilmiyordum, geleceğimle ilgili şekillenmiş
bir vizyonum da yoktu. Kendi içimde
derinlerde bir yere hapsolmuş gibiydim."

Haruki Murakami, *Kadınsız Erkekler*

Sevme şeklimiz, sevilme şeklimizdir.

Büyürsün ve bir meslek sahibi olursun. "Anne ve babama bakmak zorundayım..." dersin kendine. Evlenirsin, çocukların da olur. Bu sefer de "Eşime ve çocuklarıma bakmak zorundayım..." diye telkinde bulunursun ömür boyu. Sanki bu insanlar omzunda ağır bir yükmüş gibi. Ve sanki sen olmazsan bu insanlar hayatlarını asla idame ettiremezlermiş gibi... Kendini kandırıyorsun. Sen sadece sana ihtiyacı olan insanlar biriktirmek istiyorsun etrafında çünkü bu egonu okşuyor. Mesleğinde de yapıyorsun bunu. Hasbelkader işinden ayrılmak ya da emekli olmak zorunda kalınca eşekten düşmüş karpuza dönüyorsun. Çocukların evlenip gittiğinde depresyona giriyorsun. Eşin biraz özgüven kazanıp bir şeyler başarmaya başladığında rahatsızlık hissediyorsun. Artık sana kimin ihtiyacı olacak? Koca bir hiç olma yolunda adım adım ilerlediğini düşünüyorsun. Bu hayatta var olup olmaman kimsenin umurunda değilmiş gibi hissediyorsun. Ama bunların hepsini aşk kisvesi altında yapıyorsun.

Aşk, ihtiyaç duyulmakla ilgili değildir. Kendini sevmekle ilgilidir. Sevme şeklimiz, sevilme şeklimizdir. Derin ve içten bir şekilde sevildiğimizde, bu bize sevginin değerini ve dönüştürücü gücünü öğretir. Sevginin sadece bir sözcük değil, eylemlerle ve gerçek bir ilgiyle ifade edilmesi gereken bir duygu olduğunu öğreniriz. Eylemlerimiz kim olduğumuzu ve nasıl hissettiğimizi gösterir. Kendimizi sevmediğimizde, başkalarına sevgi göstermek de zorlaşır. Kendimizi sevmediğimizde, başkalarını nasıl seveceğimizi bilmek zordur. Duygusal olarak incindiğimizde veya depresyonda olduğumuzda, kendimizi yeniden sevmek zor olabilir. İncinmiş olsak bile buna izin vermeliyiz.

Bizi mutlu etmesi için başkalarına bel bağladığımızda, kendimizle ilgilenmemiş oluruz. Sevildiğimizi hissetmek için başkalarına bel bağladığımızda, kendimizi ifade edememiş oluruz. Kendimizi sevemediğimizde, etrafımızdaki her şey bize sevimsiz görünecektir. Kendimizi sevemediğimizde, değersiz hissedebiliriz, sanki bir sorunumuz varmış gibi, sanki sevilmememiz bizim suçumuzmuş gibi. Kendimizi bütünüyle sevmek esastır. Bir başkasını gerçekten sevmenin tek yolu budur. Ancak bu şekilde kendimiz, partnerimiz ve etrafımızdaki dünya için olabileceğimiz en iyi kişi olmak adına içsel güven ve güç geliştiririz. Bu içsel güvene sahip olduğumuzda, özümüze ve sonrasında başkalarına sevgi göstermek daha kolay olur.

İhtiyaç duyulma ihtiyacı öylesine derin ve şiddetli oluyor ki içinde bulunduğun kötü durum bile çoğu zaman göz ardı edilebiliyor. İlişkin ne kadar mutsuz olursa olsun yalnız kalmaya yeğliyorsun. En azından birisi sana ihtiyaç duymuş oluyor çünkü. İlişkilerin çoğu bu bağlamda yürütülüyor zaten.

Birbirlerine deliler gibi âşık olduğunu iddia eden çiftleri gözlemlemenizi öneririm. Üç cümleden birisi "Seni seviyorum..." cümlesidir. Aslında o kişi için bu cümlenin asıl anlamı şudur: "Ben sevilmek istiyorum." Altta yatan temel arzu sevilme isteği. Sırf bu nedenle ilişkilerin ilerleyen dönemlerinde hep aynı şikâyet ile karşılaşıyoruz: "Sen beni artık sevmiyorsun!" ya da "Yeterince ilgi göstermiyorsun bana!"

Sevilme ve ihtiyaç duyulma arzun öylesine sarmış ki zihnini, partnerin ne yaparsa yapsın sana yeterli gelmeyecek. Çünkü aşk sonsuzdur. İhtiyaçlar da öyle. Her zaman daha iyisinin, daha fazlasının imkânı olduğunu düşüneceksin. Hayal ettiğin şeye ulaşamayınca da ilişki kısır bir döngüye girecek: "Ben çok seviyorum ama hak ettiğim karşılığı asla alamıyorum." Hayır. Yanılıyorsun. Sen kendini sevemiyorsun. Sen ihtiyaçlarını seviyorsun, ihtiyaç duyulmayı seviyorsun, sevilmeyi seviyorsun. Ama asıl olması gereken sevme eyleminden hiç haberin yok.

Eşinden ilgi görmediğini düşünürsün ve sırf bu yüzden çocuk doğurmaya karar verirsin. Bu çocukları sevdiğin için değil, eşinin sana ihtiyacı varmış hissini çocuklarında deneyimlemek istersin. "Ben anneyim. Ben olmadan onlar bir hiç..." dersin. Çocuklarından göremediğini sandığın ilgiyi bu sefer evcil hayvan edinerek kazanmaya çalışırsın. Hiçbir şey yapmasan bile gider alışverişe çıkarsın. Satıcının sana takındığı sahte gülümseme seni değerli hissettirir. Dükkândan alışveriş yapan tek varlık senmişsin gibi buyur ederler seni içeri çünkü senin parana ihtiyaçları vardır. Sen de bunu çok iyi bilirsin aslında ama görmezden gelirsin.

Sana her anlamda ihtiyaç duyan bu varlıklar egonu okşar çünkü. Bu döngü böyle sürüp gider. Çünkü ihtiyaç duyulmaya ihtiyacın var. Nereye gidersen git, Afrika'daki en ıssız beldelere bile gitsen bu ihtiyacını yanında götürdüğün sürece kendi başına kalamayacaksın. Toplumdan kaçayım derken bir de bakmışsın kendi toplumunu yaratmışsın. Bunlar kuşlar, ağaçlar olsa bile.

Kendi başınalık kutsanmıştır halbuki. Kimsenin ona "Sen değerlisin, sensiz yapamam..." demesine ihtiyaç duymaz. Çünkü başka şeylerde anlam arama arayışında değilsindir artık. Değerin kendi varlığındır zaten. Her yerde sana değer verecek birilerini ya da bir şeyleri aramaktan vazgeç. Ve gördüğün en ufak ilgiye, duyduğun birkaç güzel cümleye aşk demeyi bırak. Sen aşkı aramıyorsun, sadece egonu besliyorsun. Karşı cinsten birisi seninle ilgilendiği zaman hiç olmadığın kadar mutlu oluyorsun. Seni sevdiğini söyleyen kişi için her şeyini feda etmeye hazır hissediyorsun kendini çoğu zaman. Aşk hayatına anlam katıyor sanıyorsun.

Ancak zaman içinde şunu anlıyorsun ki seninle her gün aynı kişinin ilgilenmesi pek de işe yaramıyor. Hatta sana söylediği sevgi sözcükleri bile bir süre sonra anlamsız ve hatta itici gelebiliyor. Sözcüklere alışıyorsun, her an sana bakan bir çift gözden sıkılıyorsun. Biliyorsun ki bu senin eşin. Keşfetmeye değer bir çaba gösteremez insan sahip oldukları için. Sen de başka arayışlara kayıyorsun. Aşkın bittiğini düşünüyorsun ve başka limanlara yelken açıyorsun yeni bir aşk umuduyla. Bu yolculuğun aşkla hiçbir ilgisi yoktur. Seks ihtiyacıyla da. Aşk aynı kişiyle daha derinlerde yaşanabilir. Her zaman keşfedecek bir şeyler vardır o zaman. Seks de öyle. Tek kişi ile daha anlamlı ve derinlerde yaşanabilir.

Senin bu arayışın tamamen egonun ihtiyacı. Aşk sandığın şey egonun arayışından başka bir şey değil. Farklı insanlar tarafından arzulanmak, ihtiyaç duyulmak ve yeni keşiflere yol almak. Egona dur diyebilmelisin. Yoksa bırak ilişkileri, yaşamın kendisini, ölüm bile çirkinleşiyor o zaman. Ego o zaman bile devreye giriyor. Düşünsenize, öldüğü zaman binlerce kişinin katıldığı bir cenaze töreni olsun diye kim istemez ki? İnsan o zaman bile ilgi bekliyor, hatırlanmak istiyor. Bir ölüm ilanı, havalı bir mezar taşı ve kalabalık bir anma töreni ve yakılan ağıtlar olacak ve hayatınız düzgün bir şekilde hatırlanacak. Ne büyük mutluluk ama. Bana sorarsanız nefes alıyorken vaktini bana harcayamayan hiç kimse cenaze törenime de gelmesin derim halbuki.

"Peki, çevreye ve kendi eğilimlerine son derece bağımlı bir kültürde yetişmiş bir zihin, içinde liderliğin, geleneğin ve otoritenin yer almadığı bir kendi başınalık olan özgürlüğü bulabilir mi?"

Jiddu Krishnamurti, *Büyük Özgürlük*

Mors certa, vita incerta: Ölüm kesindir, hayat değil.

Geçenlerde bir habere denk gelmiştim. Belçikalı bir sosyal medya fenomeni, kendisini kimin umursadığını öğrenmek için ölmüş gibi davranıyor ve ardından kendi cenazesine helikopterle iniş yapıyordu. Neden bunu yaptığını sorduklarında ise şöyle cevap veriyor:

"Ailemde gördüklerim çoğu zaman canımı yakıyor, hiçbir yere davet edilmiyorum. Beni kimse önemsemiyor. Hepimiz ayrı büyüdük. Takdir edilmediğimi hissettim. Bu yüzden onlara bir hayat dersi vermek ve onlarla buluşmak için birinin ölmesini beklememesi gerektiğini göstermek istedim."

Artık insanların iyi olup olmadığını cenazesine katılım sayısına göre karar verdiğimiz bir seviyeye gelmiş vaziyetteyiz. Acınası!

Kendimizin parçalarına bakar ve "Neden?" diye merak ederiz.

Sevebiliriz ama karşılığında sevilemeyiz.

Yaptıklarımız ve hissettiklerimiz için bir anlam ve neden bulmak istememiz doğaldır.

Çoğu zaman hayatımızda bir şeylerin eksik olduğunu hissederiz, umutsuzca bir şeyler ararız.

Ama sadece daha fazla soru ile sonuçlanır bu.

Kendinizin en iyi haliniz olduğunuza inanıyorsanız, başka biri olmaya çalışmaktan vazgeçer, yaşamı da ölümü de kucaklarsınız. Bir yılanın kendi kuyruğunu ısırarak sonsuzluğu, döngüyü, yeniden doğuşu ve sonsuz dönüşümü temsil ettiği "Ouroboros" olarak bilinen bir sembol vardır. "Kuyruğunu yiyen yılan" figürü, özellikle bazı tarikatlar ve okültist gruplarla ilişkilendirilmiş bir semboldür. Bu sembol, çeşitli kültlerde ve gizli öğretilerde kullanılan bir sembol olarak görülmüştür.

Ouroboros sembolü, bir şeyin sonu ile başlangıcının birbirine bağlı olduğunu ve yaşamın sürekli bir döngü içinde olduğunu ifade eder. Aynı zamanda bilgelik, gizem ve içsel dönüşümün sembolü olarak da kabul edilir.

Yaşam ile ölüm de bir döngüdür. Kendi başınalık kutlu bir haldir bu süreçte. Kendiyle mutlu insan için şartlar değişmez. Hayatına birisi dahil olmak isterse itiraz etmez, eğer birisi yüzüstü bırakıp giderse de sorun yoktur. Çünkü kimseyi beklemez kendi başınalık. Ne önüne bakar ne de kaybettikleri için dönüp arkasına. O anda yaşar, kendi başına. Ne yaşamdan bir korkusu olur ne de ölümden. Yani başlangıç da son da onun için aynı değerdedir. Yaşam bu ikisi arasında bir döngüdür çünkü.

Bu dünyada kendi başınasın. Bunu kabullendiğinde çevrende hiç ummadığın kadar insan da olacaktır. Kendi başınalık kimsesizlik değildir, aksine yaşama daha fazla bağlanmayı, yaşayan her canlıya değer vermeyi ve varoluşu kucaklamayı içerir.

Evet, tek başına doğar, tek başına ölürsün. Kendi yaşamını yaşayıp, kendi seçimlerini yapmak ve kendi özgürlüğünü yaratmak zorundasın. Kendi deneyimlerini yaşamak, kendi kararlarını almak ve kendi yaşamını şekillendirmek zorundasın. Issız yerlerde kendi kendine bir âlem olmak zorundasın. Evet, yaşamın başlangıcı ve sonu gibi evrensel gerçekler karşısında tek başınasın. Ama hayatta başkalarıyla olan bağlar, ilişkiler ve dayanışma da önemlidir. Kendi başınalıktan kimsesizlik anlamı çıkmamalıdır. Bireyin yaşamı, başkalarıyla etkileşimde bulunarak, sevgi paylaşarak ve sosyal bağlar kurarak zenginleşir. Dolayısıyla, "Tek başına doğar, tek başına ölürsün..." ifadesi, bireyin kendi yaşamını yönlendirmesi ve değerli kararlar alması gerektiğini vurgularken, aynı zamanda diğerleriyle anlamlı ilişkiler kurmanın da önemini hatırlatır.

Nazik bir hatırlatma:

Sizi bir gün değerli hissettirip
diğer gün yerin dibine sokan insan
size âşık değildir.
O kendisine âşıktır.
Ve bir gün size yapışık yaşayıp
diğer gün yanınızda olmayan aşk
aşk değildir
ihtiyaç molasıdır.

Şifre 4

Aşk Paradoksu: Bağlı Özgürlük

"Bu karanlık inanç dünyasında sevginin ışığına pek yer yoktur; buna karşılık öfke, kin, aşağılanmışlık ve her zaman nefretle el ele olan kıskançlık çoktur."

Maksim Gorki, *Ekmeğimi Kazanırken*

Aşkın meydan okumalarını aşmak: Kıskançlık ve sahiplenme.

Aşk olumlu ve güzel bir duygu olarak görülür, ancak sahiplenme ile birleştiğinde zararlı etkileri de olabilir. Sevginin insanları bir araya getirmesi ve bir bağ duygusu yaratması gerekirken, aşırı sahiplenme; kontrol, kıskançlık ve hatta istismara yol açabilir. Bir ilişkide sahiplenici davranış, partnerin faaliyetlerini sürekli izlemek, onu arkadaşlarından ve ailesinden izole etmek ve seçimleri ve kararları üzerinde kontrol uygulamak gibi çeşitli şekillerde ortaya çıkabilir. Aşkın ve sahiplenmenin bu zehirli kombinasyonu, ilişkiye dahil olan her iki birey üzerinde de zararlı etkilere yol açabilir.

Aşk ve sahiplenmenin en büyük zararlarından biri kişisel özgürlük ve özerkliğin erozyona uğramasıdır. Sahiplenme bir ilişkide hâkim olduğunda, bireyselliğin ve bağımsızlığın kaybına yol açabilir. Sahiplenici partner, partnerinin hayatının her yönünü kontrol etmeye çalışabilir, kimi görebileceğini, ne giyebileceğini ve hatta nasıl davranması gerektiğini dikte edebilir. Bu kontrolcü davranış, diğer kişinin kendini kapana kısılmış ve boğulmuş hissetmesine, kendini özgürce ifade edememesine veya kendi adına karar verememesine neden olur.

Sevgi ve sahiplenmenin bir başka zararlı sonucu da duygusal ve fiziksel istismar potansiyelidir. Sahiplenme genellikle derinlerde yatan bir güvensizlikten veya sevilen kişiyi kaybetme korkusundan kaynaklanır. Bu korku, hakaretler, tehditler ve hatta fiziksel şiddet gibi istismarcı davranışlarda kendini gösterebilir. Sahiplenici partner aşırı kıskanç olabilir ve partnerini herhangi bir kanıt olmaksızın sadakatsizlikle suçlayabilir. Bu sürekli güvensizlik ve düşmanlık, toksik bir istismar döngüsüne yol açarak kalıcı duygusal travmaya ve fiziksel zarara neden olabilir.

Dahası, sahiplenmeyle birleşen sevginin ruh sağlığı üzerinde de zararlı etkileri olabilir. Sürekli izleme, kontrol ve kıskançlık, ilgili her iki birey için de anksiyete, depresyon ve düşük özsaygıyı besleyen zehirli bir ortam yaratabilir. Sahiplenici partner, sevgiye layık olduğundan sürekli şüphe duyabilir ve onay için partnerine aşırı bağımlı hale gelebilir. Öte yandan, kontrol edilen kişi, acımasız eleştiri ve kontrol nedeniyle suçluluk, utanç ve özgüven kaybı duyguları yaşayabilir.

Kalplerin Keşfi'nde İmam Gazali şöyle diyor:

> *"Kıskançlık, kalp hastalıklarının başlıcalarından biridir."*

Kıskanç eşlerle evli olmak oldukça inişli çıkışlı bir yolculuk olabilir bu nedenle. Bir an mutlu bir şekilde gününüz hakkında sohbet ederken, bir sonraki an eski sevgilinizden bahsetmek ya da zararsız bir ünlüye âşık olma ihtimali gibi aptalca bir şey yüzünden kıskançlıklarının gazabına uğrarsınız. Patlayıcı bir tepkiyi tetiklemeden sürekli olarak güvensizlikleri arasında gezinmeye çalışmak, cam kırıkları üzerinde yürümek gibidir sizin için.

Örneğin eşinizin eski ilişkileriniz hakkında konuşmaya başladığı bir durumu ele alalım. Bu durum, kıskanç bir eşin zihninde alarm zillerinin çalmasına yol açacaktır. Sizin gizlice eski eşinize özlem duyduğunuz ya da onu şimdiki eşinizle kıyasladığınız her türlü çılgın senaryoyu hayal etmeye başlarlar. Sanki şu anki ilişkinizi bir mecburiyetten dolayı seçtiğinizi ve geçmişin tam olarak geçmiş olduğunu unutmuş gibidirler. Gerçi eski moda kıskançlıkla beslenen bir tartışma varken kimin mantığa ihtiyacı var ki?

Meşhur ünlü aşklarını da unutmayalım. Ünlü bir çifti çekici bulmanız, onlar için eşinizi terk etmeyi planladığınız anlamına gelmez. Ama bunu, bir ünlüye hayran olduğunuzun mantığını, ilişkilerine yönelik bir tehdit olarak gören kıskanç bir eşe anlatmaya çalışın. Birdenbire, filmler ya da TV şovları hakkındaki masum sohbetler sadakatiniz ve bağlılığınız hakkında sorgulamalara dönüşür. Sanki ünlüler dünyasında gizli bir telefon hattınız olduğunu ve hamlenizi yapmak için doğru anı beklediğinizi düşünürler.

Başkasının esprilerine gülme konusuna hiç girmeyeyim bile. Bir başkasını komik bulmak kıskanç eşler dünyasında büyük bir günahtır. İş arkadaşınızın harika bir espri anlayışı varsa ya da arkadaşınız komik hikâyeler anlatıyorsa bunu engelleyemezsiniz. Ama eşiniz sizi bir başkasının esprisine gülerken yakaladığında bunu ona açıklamaya çalışın bakalım. Birdenbire, bu kişiyle duygusal bir bağ kurmakla suçlanırsınız.

Kıskanç eşlerle evli olmak bir yere kadar sabır ve anlayış gerektirebilir. Açıkça iletişim kurmayı, güvensizliklerini şefkatle ele almayı ve kendi özgürlüğünüzden ve mutluluğunuzdan ödün vermeden onları rahatlatmanın yollarını bulmanız gerekir. Starbucks'ta barista ile yaptığınız zararsız sohbet hakkında atıp tutmaya başladıkları zamanlar için kulak tıkaçlarına yatırım yapabilirsiniz örneğin.

Kıskanç eş, akıl oyunları oynamakta ustadır. Zararsız bir sohbeti, "güven sorunları" demenizden daha hızlı bir şekilde tam gelişmiş bir sorgulamaya dönüştürebilirler. Birdenbire, arkadaşlardan gelen masum mesajlar gizli aşk mektupları olarak görülmeye başlanır ve iş arkadaşlarıyla geçirilen zararsız zamanlar gizli ilişkilere dönüşür. Bu, her hareketin gizli anlamlar için analiz edildiği ve incelendiği, hiç bitmeyen bir reality TV şovunda yaşamak gibidir.

Ancak ilişkilerde kıskançlıkla ilgili tek gerçek var: Çok yorucu olduğu. Birçok kadın sevgilim beni sahiplenmeli diyor. Çünkü kaybetmekten korkuyorlar. Kaybetmektense bir eşya gibi sahiplenilmeyi yeğliyorlar. Bağlılık, sahiplenme, tutku kaybolursa aşkta kaybolur sanıyorlar. Senin aşk sandığın şey tek taraflı çaba ile gerçekleşmez. Her çaba dışarıdan öğrenilmiş bir bilgi ile gelir. Ancak gerçek aşkın senin içinden doğup gelmesi gerek.

Bize aşkı istedikleri şekilde öğrettiler. Bu nedenle gerçek anlamını ıskaladık. Kıskançlık, sahiplenme, tutku olmadan aşk olmaz dendi. Aksine bunlar ortadan kalkınca aşk gün yüzüne çıkar. Çünkü sen yok olursun. Gece ve gündüz birbirlerine ne kadar yabancı ise ego ve aşk da öyledir. Sen yok olursan egon da yok olur. İşte orada aşk vardır. Gerçek aşk şiirselliğin olduğu yerdedir çünkü. Tutkunun olduğu yerde bilinçsizlik vardır, kıskançlığın olduğu yerde nefret vardır, sahiplenmenin olduğu yerde korku vardır. Kulağa hiç şiirsel gelmiyor bunlar değil mi?

Bu bir nevi intihar isteğidir. Bize inandırılan aşklar için geçerli bir istek bu. Ancak gerçek aşk kıskanç olmaz, sahiplenmez.

Aşkın ayağına pranga takıp seni yerle bir etmesi değil sana kanat takıp göklere çıkarması gerekir. Sahiplenilmek öldürür. Sadece eşyaların sahibi olur. Bağımlı olduğun için sahiplenmek, sahiplenilmek istersin. "Ya ellerimin arasından kayıp giderse?" korkusudur bu. Geleceği inşa etmeye çalışarak aşkı kaçırırsın. Beyhude bir çaba. Yarın eşin çekip gider, çocukların terk eder, bilemezsin. Korkularını bir kenara atmazsan hem kendine hem de sevdiğini sandığın kişilere esir hayatı yaşatırsın.

"Bekâr tavus kuşudur,
nişanlı aslan, evli de koyun."

İspanyol Atasözü

Yalnızlık mı daha iyi evlilik mi?

Alın size asırlık soru. Sevgili okuyucularım, size şunu söyleyeyim, bunun kolay bir cevabı yok. Bu, "Yılanlarla dolu bir odada mı yoksa örümceklerle dolu bir odada mı sıkışıp kalmayı tercih edersiniz?" diye sormak gibi bir şey. Her iki seçenek de kendine özgü bir şekilde kulağa korkunç geliyor.

İşin şakası, yalnız olmanın kesinlikle avantajları var. Kimse sizin zevkinizi yargılamadan en sevdiğiniz dizileri art arda izleyebilirsiniz. Tek bir dilimi bile paylaşmak zorunda kalmadan bütün bir pizzayı yiyebilirsiniz. Ve bütün gece testere gibi horlayan birini dinlemek zorunda olmamanın getirdiği mutluluk verici sessizliği de unutmayalım.

Öte yandan, evli olmanın da kendine has cazibeleri var. Hiç kimseyi tanımadığınız tüm o garip sosyal etkinlikler için yerleşik bir ortağınız var. Ayrıca, çöpü atmayı unuttuğunuzda ya da klozet kapağını açık bıraktığınızda her zaman suçlayabileceğiniz biri vardır. Ve kim tek bir kişide toplanmış sürekli bir eğlence ve sinir kaynağı olmasını sevmez ki?

Ancak her iki senaryonun da olumsuz yanlarını unutmayalım. Yalnız olduğunuzda, sırf biraz insan etkileşimi duymak için kendinizi duvarla konuşurken bulabilirsiniz. IKEA mobilyalarını tek başınıza monte etmenin ya da patlayan musluğu tamir etmeye çalışmanın zorluklarına hiç girmeyeyim bile. Ve evlendiğinizde, uzlaşmanın göbek adınız haline geldiğini söyleyelim. Hangi filmi izleyeceğinize karar vermekten tatilleri kimin ailesiyle geçireceğinize karar vermeye kadar, bu sürekli bir al-ver savaşıdır. Bir banyoyu başka biriyle paylaşmanın keyfini anlatmaya başlamayayım bile – ve merhaba, diş macunu kapağı savaşları! Dolayısıyla, yalnız mı yoksa evli mi olmak daha iyidir sorusunun kesin bir cevabı yok. Her şey kişisel tercihlere ve size hayatta en çok neşe ve tatmin getiren şeye bağlıdır. Unutmayın, ister tek başınıza uçuyor olun ister evliliğin vahşi sularında geziniyor olun, yol boyunca her zaman kahkahalar, gözyaşları ve paylaşacak pek çok komik hikâye olacaktır.

Sokrates'e sormuşlar ya:

"İnsan evlenirse mi, yoksa bekâr kalırsa mı daha mutlu olur?"

Cevap vermiş:

"Her iki halde de pişmanlık duyar."

Şu dünyada milyonlarca insan evliliği merak ediyor. Milyonlarca evli birey ise içten içe acaba yalnız kalsaydım, hiç evlenmeseydim ne olurdu diye merak ediyor. Ama sadece merakta kalıyor bu. Çünkü geri dönüşü olmayan bir çıkmaz sokakta buluyorlar kendilerini. Bir yanları gitmek istiyor ama bir yanları da alıştıkları bu hapis hayatını terk etmeyi göze alamıyor. Alışkanlık zehirdir bu nedenle. Bu hapis hayatı kişiyi mutsuz da etse bir güvenlik sunar çünkü. En azından çift olarak mutsuz bir yaşam sürmeyi yalnız kalma riskine yeğlersin.

Şimdi soruyorum size, aşk bunun neresinde? Aşk evliliğin neresinde? Evlilikte aşktan, yani iki ruhun bir olmasından yanaysak o zaman hiçbir sorun yok. Evliliğe karşı değilim ben. Ancak sırf iki farklı cinsin seksüel birleşmesi olarak evlilik toplumsal bir cinayettir. Cinayet sadece can almakla olmaz. Geleceğini inşa edemeyeceğiniz, ilgilenemeyeceğiniz, şefkat gösteremeyeceğiniz bir çocuk dünyaya getirmek de cinayettir. "Melek beşiği" olarak da bilinen bebek bırakma kutuları uygulaması ortaçağdan beri var. Manastırlarda bu amaçla dönen kapılar bulunuyordu. Şimdi ise özellikle Asya ve Avrupa'da yoğun olmakla birlikte terk edilmiş bebek ölümlerini engellemek için sokaklara "bebek bırakma kutuları" konuluyor. Ne aşk ama!

İkili ilişkileri insanlar seksten ibaret görüyor. Seks aşkın sadece ufak bir parçası. Ama senin sahip olduğun tek özellik seks ise aradığın aşkı asla bulamayacaksın. Çünkü sen sadece bir üretim fabrikası gibi yaşayıp öleceksin.

"Sevmek, sahiplenmenin en güzel yoludur herhalde; sahiplenmek ise sevmenin en çirkin yolu."

José Saramago

Aşk paradoksu: Bağlı özgürlük.

Aşk tam anlamıyla özgürlüktür. Aşk tam anlamıyla bağlılıktır da. Deneyimlemek için bu paradoksu anlamak ve dengelemek önemlidir. Herkes bağlılık sözü vererek ilişkiye başlar. Çünkü böyle öğretildi bize. Ama gerçek aşk bağlılık yeminlerini sevmez.

Aşkta bağlılık karmaşık ve genellikle yanlış anlaşılan bir konudur. Bir kişinin başka bir kişiye, tipik olarak romantik bir partnere karşı geliştirdiği yoğun duygusal ve psikolojik bağlılığı ifade eder. Bu tür bir bağımlılık, madde bağımlılığı veya kumar gibi diğer bağımlılık türleri kadar güçlü ve zayıflatıcı olabilir.

Aşkta bağlılığın temel özelliklerinden biri, diğer kişinin varlığına ve ilgisine duyulan aşırı ihtiyaçtır. Bağımlı birey sürekli olarak partnerini düşünebilir, takıntılı bir şekilde mesajlar için telefonunu kontrol edebilir veya sürekli olarak sevgisi ve bağlılığı konusunda güvence arayabilir. Ayrıca partnerlerinin yakınında olmadıklarında aşırı kaygı veya depresyon yaşayabilirler.

Çoklar zehirler demiştim. Aşırı bağlı birey artık bağımlı hale gelir. Diğer bağımlılıklar gibi, aşk bağımlılığı da bireyin ruh sağlığı ve genel refahı üzerinde zararlı etkilere sahip olabilir. Bağımlı birey, kendi ihtiyaçlarını ve ilgi alanlarını ihmal edecek kadar partneriyle meşgul olabileceğinden, öz kimliğini kaybetmesine yol açabilir. Bu durum boşluk hissi, düşük özsaygı ve tatmin eksikliği ile sonuçlanabilir.

Bunun neresinde aşk var? Hangi aşk böyle zararlı ve acımasız olabilir? Bu bize öğretilen aşk. Gerçek aşk ile bağımlılık dünyanın iki ayı kutbu gibidir. Hatta aşk bağımlılıktan kurtulmanın tek çıkar yoludur.

Bağımlılık dediğimiz kaybetme korkusundan başka bir şey değildir. Bu nedenle hep avucunda tutabilme stratejisine ben ruh hastasıyım dememişler de bağlılık demişler kelime oyunlarıyla. Aşkta yarın yoktur ki... Bugün yanında olan yarın olmayabilir. Hep seninle kalacağı için orada değildir aşk. Sevdiğin her kimse birbirinizle giderek uzaklaşabilirsiniz. Aksine tek bir vücutmuş gibi yakınlaşabilirsiniz de. Orada aşk vardır zaten. O gerçeklik öylesine üstündür ki iki taraf da kendisi olarak kalamaz.

Ne derler bilirsiniz, aşkın gözü kördür ve görünüşe göre, tüm bağımsızlık hissinizi kaybetmenize de neden olabilir. Yani, hepimiz birbirleri olmadan hiçbir şey yapamayan çiftleri görmüşüzdür. Sanki kalçadan bağlılar, hatta belki de bir tür insan kırkayağı gibi birbirlerine kaynaşmışlar. Aynı anda hem komik hem de korkutucu.

Şunu hayal edin: Arkadaşlarınızla dışarıdasınız, harika vakit geçiriyorsunuz ve birdenbire ayrı kalmaya dayanamayan yapışık bir çift görüyorsunuz. Neredeyse aynı kıyafetleri giyiyorlar ve birbirlerinin cümlelerini tamamlıyorlar. Sanki sessiz sinema oyunu oynuyorlar ve bizim de bundan keyif almamız gerekiyor. "Bak tatlım, eşim burnunu kaşıyor! Bu ona hamburger sipariş etmemi istiyor demek!" Cidden mi? Kelimeleri kullanamaz mı?

Ama tehlikeli olan sadece sürekli bir arada olmak değil. Tamamen kişisel alan eksikliği. Yani, anlıyorum, birbirinizi seviyorsunuz ama gerçekten bir diş fırçasını paylaşmanız gerekiyor mu?

Bu sadece birbirine en bağlı çiftlerin bildiği gizli bir diş hijyeni ritüeli mi? Ya da belki sadece diş macunundan tasarruf etmeyi seviyorlardır. Kim bilir...

Ve yapışkanlığı da unutmayalım. Bu tipleri bilirsiniz – beş dakikadan fazla ayrı kalmaya dayanamayıp sinir krizi geçirenler. Sanki partnerleri her zaman yanlarında olmazsa dünyanın sonunun geleceğine inanmış gibidirler. "Olamaz, telefonumun şarjı bitti ve sevgilimi beş dakika boyunca arayamıyorum! Korkunç!" Şaka gibi. Eğer günün her saniyesi birbirinize bağlı değilseniz dünya dönmeye devam edecektir.

Ancak bir ilişkide aşırı bağımlı olmanın belki de en eğlenceli yanı, bazı insanların partnerlerini mutlu etmek için ne kadar saçma yollara başvurduklarına tanık olmaktır. Sırf sevgililerini memnun etmek için kendi istek ve ihtiyaçlarını feda edenlerden bahsediyorum. "Elbette tatlım, dünyayı gezme hayalimden vazgeçerim ve onun yerine profesyonel bir pantomimci olurum. Senin için her şeyi yaparım!" Sanki kendi kimlikleriyle bağlarını tamamen koparmışlar ve yürüyen bir paspas haline gelmişlerdir.

Partnerinizin her şeyiniz olduğu küçük, rahat bir balon içindesiniz ilk bakışta. Onlar sizin kişisel GPS'iniz gibidir, hayatın dönemeçlerinde size yol gösterirler. Kıyafet seçerken yardıma mı ihtiyacınız var? Arkanızı kollarlar. Kendi telefon numaranızı hatırlayamıyor musunuz? Endişelenmeyin, onlar çoktan ezberlemişlerdir. Bu, aynı zamanda çok iyi sarılan bir kişisel asistana sahip olmak gibi bir şey. Ama dürüst olalım, her küçük şey için birine güvenmek yorucu olabilir. Ayrıca, önce partnerinize danışmadan akşam yemeğinde ne yiyeceğinize bile karar veremezken bağımsızlık yanılsamasını sürdürmek zordur.

Bakın, ben sevgi ve arkadaşlıktan yanayım, ancak bir ilişkide ne kadar bağlı olduğunun da bir sınırı var. Kendi bireyselliğimizi gözden kaçırmayalım ve birbirine bağımlı bir blokun yarısı haline gelmeyelim. O halde hepimiz derin bir nefes alalım, uyumlu kıyafetlerden uzaklaşalım ve bir ilişkide biraz boşluğa sahip olmanın sorun olmadığını hatırlayalım. Sonuçta, yokluk kalbi daha da büyütür.

İlişkiler, ilişkiler, ilişkiler... Duyguların, gece geç saatlere kadar süren sohbetlerin ve en güçlü bağları bile test edebilen ara sıra horlamaların güzel inişli çıkışlı treni. Ancak bir ilişkide bağımlı olmak ya da olmamak söz konusu olduğunda, bunun hassas bir denge olduğunu söyleyelim. Gördüğünüz gibi bağımlı olmak, sırtınızda sürekli ilgi ve onay bekleyen yapışkan bir koalaya sahip olmak gibi olabilir. Öte yandan, bağlı olmamak tek tekerlekli bisiklet sürerken alevli kılıçlarla hokkabazlık yapmaya benzeyebilir - heyecan verici ama aynı zamanda inanılmaz derecede tehlikeli. Tüm mesele, kendiniz olabileceğiniz ve aynı zamanda ihtiyaç duyduğunuzda birine yaslanmanıza izin verebileceğiniz o tatlı noktayı bulmakla ilgilidir - çok fazla market poşeti taşımaya çalıştığınızda ve kollarınız ikiye ayrılacakmış gibi hissettiğinizde olduğu gibi. Yani bağımsızlığınızı kucaklayın ama aynı zamanda birbirinize bağımlı olmanın güzelliğini de kucaklayın çünkü sonuçta hayat tek başınıza tek tekerlekli bisiklet üzerinde alevli kılıçlarla hokkabazlık yapmak için çok kısa.

Benim bağlılıktan kastım intihar değil. Aşırı bağımlılık bir hastalık, bir esaret. Ben aşkın özündeki bağlılıktan söz ediyorum. Söz vermeye gerek kalmayan, imza atarak bir şeyi ispatlamaya çalışmayan, gereksiz yeminlere karnı tok olan bağlılıktan.

Aşk ne bir tehdit ne de bir garantidir. Merkezi bir güç tarafından kanunlaştırılmamıştır. Bir dizi kural ya da koşul tarafından güvence altına alınmamıştır. Bununla birlikte, hepimiz tarafından, kendi yöntemlerimizle ve kendi zamanımızda geliştirilebilecek bir şeydir. Eğer ararsak, içimizde ve etrafımızda bulunabilir. Eğer aramazsak, hiç beklemediğimiz bir anda bizi bulacaktır. Ve bulduğunda, kendimizi ne kadar iyi hissettiğimize şaşıracağız.

Gerçek aşkta yeminler etmene gerek yoktur. Çünkü aşkın kendisi yemindir. Paradoks da burada zaten. Gerçek âşıklar seni ölene kadar seveceğim diye yemin etmez, ama o yemin zaten orada duruyordur. Hastalıkta ve sağlıkta, ölüm bizi ayırana dek... Bu açıklama aslında aşkın olmadığını ispatlar bize. Söz vermek ön almaktır çünkü. Gerçek aşk temkinli davranmayı bilmez. Sen aşkı öyle yaşarsın ki karşındaki insanın bir gün senden ayrılacağını aklına bile getiremezsin. Bağlılık budur. Aksi şekilde bağlılığı sözlerle, imza atarak sağlayabileceğinize cidden inanıyor musunuz? Aşkından ölüyorsun ama yine de terk edilebileceğin ihtimalini yaşıyorsun kalbinde. İronik. Aşkın tam olmadığını gösterir bu. Aşkın gerçek olsaydı bağlılık aşkınızın zaten bir parçası olurdu, gündemin değil.

"İnsan seviyorsa iki şeyi asla yapmaz:
Aldatmaz ve ağlatmaz.
Çünkü aldatmak insan onuruna,
ağlatmak ise insan yüreğine yapılmış
en çirkin saldırıdır."

Erich Fromm, *Sevme Sanatı*

Hiç kendini aldatma.

Bağlılık deyince en çok da aldatmamak geliyor insanların aklına. Bir ilişkide aldatma, ne hoş bir skandal konusu! Hayatınızın geri kalanını birlikte geçireceğiniz birini bulmanın dedektiflik oynamayı ve şifreli metin mesajlarını çözmeyi gerektireceğini kim düşünebilirdi ki? Kimse bu niyetle nikâh memurunun karşısında "Evet!" diye bağırmak istemez.

Aldatmak sadece başka biriyle fiziksel yakınlık kurmak değildir. Bundan daha derine iner. Duygulara ihanettir, iki insanın aşkla bir araya geldiklerinde yarattıkları kutsal alanın ihlalidir. Bu bir bencillik ve korkaklık eylemidir, çünkü aldatan kişi ilişkisindeki sorunlarla yüzleşmek ve bunlar üzerinde çalışmak yerine teselliyi bir başkasının kollarında arar.

Birçok türde karşınıza çıkabilir bu eşler. İlk olarak, klasik pürüzsüz operatörümüz var örneğin. Bu kişi zarif bir gizli ajan gibidir, her zaman bir adım öndedir ve arkasında hiçbir iz bırakmaz. Her durum için bir mazeretleri vardır ve muhtemelen James Bond'a aldatma konusunda bir iki şey öğretebilirler. Sadakatsizliklerini gizli tutmak için gidebildikleri kadar ileri giderler. Ahlaki açıdan bu kadar sorgulanabilir olmasaydı neredeyse etkileyici bulunabilecek yetiye sahip kişilerdir bunlar.

Bir de beceriksiz hilekârlarımız var. Bu kişiler aldatma söz konusu olduğunda porselen dükkânındaki kedi gibidir. Arkalarında görmezden gelemeyeceğiniz bir kanıt illa ki bırakırlar. Yakalarındaki ruj lekelerinden ceplerinde rahatça bırakılmış otel fişlerine kadar, hatta "ALDATIYORUM!" yazan bir neon tabela bile takabilirler. Sanki yakalanmak istiyorlarmış gibi ya da belki de sinsilik konusunda gerçekten kötüler.

Sırada duygusal aldatanlar var. Bu kişi fiziksel olarak yoldan çıkmayabilir ama ciddi bir duygusal sadakatsizlikten sabıkalıdır. Partnerlerinin ihtiyaçlarını ihmal ederken sürekli olarak başkalarından onay ve ilgi ararlar. Sanki hiç bitmeyen bir duygusal Monopoly oyunu oynuyor, kalpleri topluyor ve yol boyunca onları kırıyorlar.

Teknolojik hilecileri de unutmayalım. Akıllı telefonların ve sosyal medyanın ortaya çıkmasıyla birlikte aldatma yepyeni bir karmaşıklık seviyesine ulaştı. Birinin günlüğünü karıştırabileceğiniz ya da yatağın altına gizlenmiş aşk mektuplarını bulabileceğiniz günler geride kaldı. Artık her şey gizli mesajlaşma uygulamaları ve kaybolan sohbetlerle ilgili. Bu, sanal bir labirentte kapana kısılmak gibi. Emojilerin bu kadar aldatıcı olabileceğini kim bilebilirdi?

Eminim ki birçoğunuz kendinizi bir ilişkide ihanete uğrayan eş olma gibi keyifli (!) bir konumda buldunuz. Zaten kim kalbinin milyonlarca küçük parçaya ayrılmasını hayal etmez ki? Bu piyangoyu kazanmak gibidir, ancak bir milyon dolar yerine ömür boyu güven sorunları ve uykusuz geceler yaşarsınız. Ama en azından artık sadakatsizliğin zevklerini yaşamış seçkin insanlar kulübüne katılabilirsiniz. Belki size bir rozet falan bile verirler.

İhanete uğrayan eş olmak gerçekten de duyguların inişli çıkışlı bir yolculuğudur. Bir an içinizdeki Hulk'u sadakatsiz eşinizin üzerine salmaya hazır bir şekilde öfkeyle kaynarsınız. Bir sonraki an, her şeyin nerede yanlış gittiğini merak ederek bir üzüntü denizinde boğuluyorsunuz. Bu duygusal bir hız trenine binmek gibidir, tek farkı "çıkış" düğmesinin olmaması ve yolculuğun hiç bitmeyecekmiş gibi görünmesidir. Bir uçurumun kenarında duran bir çift hayal edin, aşkları bulutların üzerinde yükseliyor. El ele tutuşuyorlar, kalpleri senkronize bir şekilde atıyor ve her zaman birbirlerinin yanında olacaklarına söz veriyorlar. Ancak içlerinden biri aldattığında, bu diğerini uçurumdan aşağı itmek, güvenlerini sarsmak ve onları şüphe ve acı dolu bir uçuruma düşmek zorunda bırakmak gibi bir şey.

İhanete uğrayan eş olmanın avantajlarından biri de bir gecede uzman bir dedektif olmanızdır. Şüpheli mesajlar için telefonlarını kontrol etmekten şehirde gizlice takip etmeye kadar, casusluk ustası haline geldiniz. Kırık bir kalbin ve gerçeği öğrenmek için yanıp tutuşan bir arzun varken James Bond'a kimin ihtiyacı var ki?

İyi niyetli arkadaşlarınızdan ve ailenizden gelen bitmek bilmeyen tavsiyelere ne demeli? Birdenbire herkesin bu durumla nasıl başa çıkmanız gerektiği konusunda bir fikri olur. "Sadece affet ve unut!" derler, sanki ihanet televizyon kumandasını yanlış yere koymak kadar basitmiş gibi. Ya da benim kişisel favorim, "Daha iyisini hak ediyorsun!" Sanki seçim yapmam için beni bekleyen güvenilir partnerlerden oluşan bir açık büfe var. Daha çok son kullanma tarihi geçmiş atıştırmalıklardan başka bir şey olmayan üzgün küçük bir otomat gibi.

Güzel haber ise şu: Bu çalkantılı tünelin sonunda ışık var. Bu deneyimden her zamankinden daha güçlü ve bilge olarak çıkacaksınız. Belki de yolculuğunuz hakkında çok satan bir kitap yazacak ve bir sonraki ilişki gurusu olacaksınız. Kim bilir... Hayatın, limonları limonataya dönüştürmek ya da bu durumda kalp kırıklığını komik bir anıya dönüştürmek gibi komik bir yolu vardır.

Sonuç olarak, bir ilişkide ihanete uğrayan eş olmak kesinlikle kimsenin hayal ettiği bir şey değildir. Ama konu gerçek aşk olunca bu konu beni çok ilgilendirmiyor açıkçası. Gerçek aşk bununla ilgilenmez. Sen aşkına sadık kalırsan zaten eşinle sonsuz mutluluğun hazzını yaşarsın. Burada konu eşini aldatmanda, üstüne ikinci bir eş getirmende değil. Aşka sadık kalıp kalmaman meselesi. Evlendikten sonra yarı açık cezaevi koşullarında yaşamlarını süren çiftlerdenseniz, eşinizi gerçekten sevmediğiniz halde hâlâ onunla birlikte yaşamaya devam ediyorsanız, içinde aşkın kırıntısı kalmamışken aynı yatağı paylaşıyorsanız en çok siz aldatıyorsunuz demektir. Aşka karşı günah işliyorsunuz.

Toplumsal normlar sana aksini söylüyor olabilir ancak sevmediğin halde bir insanla daha rahat bir yaşam uğruna, formaliteler gereği ya da başka bir çıkar uğruna birlikte oluyorsan bu en ağır aldatmadır. Tekeşlilik kötüdür anlamı çıkmamalı buradan. Aşkına sadık kaldığın sürece tek bir insanla beraber yaşamak en kutsal olandır. Ben formalitelerden, kişilerden ve klişelerden değil sadece aşktan yanayım. Aşk bir bitki gibi, yanlış toprakta olursa asla büyümez. Søren Kierkegaard şöyle diyor:

"Aldatılmak iki türlüdür:
İlki doğru olmayana
inanarak.
İkincisi doğru olana
inanmayı reddederek."

Dolayısıyla aşkın kaybolduysa toprağın, olduğun yer doğru değildir. Değişmelisin yerini, değiştirmelisin. Aksi halde aşkınla birlikte sen de çürüyüp gidersin. Sonuçları yıkıcı olur yoksa aldatılmanın. Aldatılan kişi kendi değerini sorgular ve güvensizlik duygularıyla mücadele etmek zorunda kalır. Yeterli olup olmadıklarını, partnerlerinin kalbini kazanmak için bir şekilde başarısız olup olmadıklarını merak ederler. Güven bir kez kırıldığında kolay kolay onarılamaz. Kaybedileni yeniden inşa etmek zaman ve çaba gerektirir.

Sonunda, bir ilişkide aldatma, aşkın her zaman mükemmel olmadığını acı bir şekilde hatırlatır. Bize en güçlü bağların bile insani zayıflık ve günaha girme nedeniyle kopabileceğini öğretir. Ama aynı zamanda iyileşmek ve ilerlemek için dürüstlüğün, iletişimin ve affetmenin önemini de hatırlatır.

"Yaşamak bir denge meselesidir. Birine aşırı bağlanmak dengesizliktir."

Ayfer Tunç, *Yeşil Peri Gecesi*

Aşk zıt kutuplarla yaşanır.

İnsan, tıpkı yolda yürürken renkli bilye bulan ve sanki hazineler bulmuş gibi sevinen çocuklar gibi kalabilmeli. Yaşamdaki ufak şeylerden keyif almasını unutmasaydık, çocuklar gibi özgürce ve aşkla yaşamayı tercih edebilseydik dünya çok güzel bir yer olurdu.

Bir çocuk edasıyla sev. Sevemeyeceğin insanla aşk ilişkisine girme. Tutkuların, şehvetin gözünü boyamasın. Görünmez, adı konmamış bağlarla bağlanmaya hazır olup olmadığını sor kendine. Ve cevabını dürüstçe ver. Takındığın maskeler, gizlediğin geçmişin, endişe duyduğun geleceğin korkutmasın seni. Şeffaf ol ve dürüstçe cevap ver. Aşk orada. Ne kendinden ne de karşındakinden bir şey gizle. Aşk şeffaflıktır. Gizliliğin, akıl oyunlarının aşkta işi yoktur. Birbirinize ne kadar açık olursanız birbirinizi içinizde o kadar besler, büyütürsünüz. Sen bir erkeksen, sevdiğin kadını büyütürsün içinde. Ne kadar dürüst olursan o kadar iyi tanırsın onu. O da seni kendi içinde büyütür, tanışır. Asıl aşk birbirinizi bu şekilde tanıdığınızda oradadır.

Ama farklılıklardan korkma. Zıtlıklar aşkın olmazsa olmazıdır. Aşk zıt kutuplarla yaşanır. Ne kadar zıtlık ve farklılık varsa çekim de o kadar vardır. Ancak orada bir denge bulunur. Ne kadar yakınlaşırsanız çekicilik de o kadar yok olur. Bu nedenle farklılıklardan, yaklaşıp uzaklaşmalardan korkma. Aşk biraz da tutarsızlıktır.

Bağlılık tam olarak şunu amaçlar: Hep avucumda kalsın ve hiç değişmeden kalsın. Bu ütopik bir bekleyiştir. Bu nedenle Montaigne *Denemeler*'de şunu diyor:

> *"Hiç kimseye fazla sevgiyle bağlanmak, bir uşak gibi sadık olmak istemem."*

İnsan değişebilir, arzuları, değer yargıları, nefret ettikleri, beğendikleri... İnsana dair her şey yaşayan bir organizma gibidir, gelişir, geliştikçe değişebilir. Ancak buna rağmen evlenme dairesinde bağlılık yemini edip imzalar atıyoruz. Ama gerçek aşk kanun da tanımıyor. Aksine aşkı öldürüyorsun bu şekilde. Belediye memurunun önünde mesnetsiz verilen sözler sonucunda daha sonra mahkemeye, ailene, komşuna hesap vermek zorunda kalıyorsun.

Filmlerden, aşk romanlarından not aldığımız birkaç güzel söz ile aşkı perçinlemeye çalışıyoruz biz. Bir erkek çıkıp "Prensesler gibisin, gördüğüm en güzel kadınsın..." diyor. Ve egon içten içe bu saçmalığa inanıyor. Dünyadaki kaç kadını tanıyor olabilir ki? Gerçek aşk egoyu beslemez. Bunun zarar vereceğini bilir karşıdakine. Bu ithamların altında yatan en baskın gerçek ise sekstir. Çünkü kimse "Hadi bu gece beraber olalım..." diyemez. O zaman en adi sapık olma yolunda ilerlemiş olursun. Dolambaçlı yollarla yapmaya kalkarsın sen de bunu. Yersiz ve abartılı iltifatlarla, hediyeler ve çiçeklerle...

Bir kısmınız sinirlenerek okuyor bu satırları biliyorum. Genelleme yapmıyorum, insanın yadsınamaz doğası bu sadece. Toplum bu şekildedir, bireyler değil. Bekâr olmak bir nevi kusurdur mesela. Orta yaş üstü bir komşunuz varsa ve bekârsa akıllardaki ilk soru şu olur hep: "Acaba neden evlenmemiş hâlâ?" Toplum hep bir çiftleştirme çabasındadır içten içe. Bazen öylesine baskı görürsün ki evlensem de kurtulsam bile dersin. Ama bu da bir çözüm olmaz. Evlenmenin evrensel bir kanun olduğunu sana öyle ya da böyle kabul ettiren çevren şimdi de çocuk baskısı yapar: "Acaba neden hâlâ çocukları olmuyor?"

"Çocuksuz ev, meyvesiz ağaca benzer..." derler. Baskı kurarlar. Sanki meyvesi olmayan ağaçlar güzel değilmiş gibi. Hiç olmaması gereken son derece dramatik hikâyelerle karşılaşırız sonra. Ve kimse şunu sormaz. Motosiklet sürebilmek için bile ehliyet gereksinimi olan şu yaşamda ebeveyn olabilmek için aynı yatakta on dakika geçirebilmek neden yeterli olabiliyor?

Nihayetinde arkana dönüp baktığında çok büyük ihtimalle başkaları tarafından hep yönlendirilmiş olan bir hayat göreceksin.

"Aşkın özgürlük verici bir kalitede olması lazım, sana zincir vurması değil; sana kanat takıp mümkün olduğunca yükseklere uçmanı sağlaması lazım."

Osho

Aşk kanatlandırır.

Bağlılık içinde özgürlüğü nasıl tecrübe edeceğiz peki? Özgürlükten kastımız nedir?

Her gün bir armağandır. Eğer bunun değerini bilirseniz günün tadını çıkarırsınız. Nasıl başladığı ya da nasıl bittiği önemli değildir. Günü gün yapan uyanma, hazırlanma ve yatma sürecidir. Kiminle olduğunuzun önemsiz olduğu bir süreç. Bu, günümüzde pek çok insanın aradığı bir şey. O kadar popüler ki insanlar onu bulamamaktan korkmaya başladılar. Bu, hızlı bir Google aramasında bulabileceğiniz bir şey değildir. Tek bir kitapta bulabileceğiniz bir şey de değil. Basitçe satın alabileceğiniz bir şey de değil. Nasıl yaşayacağınızı öğrenmeniz gereken bir şeydir. Hepimizin sahip olduğu bir şeydir ama elimizden alınana kadar ne anlama geldiğini asla tam olarak anlayamamışızdır. Bir gecede elde edebileceğiniz bir şey değildir. Bugün başlamanız gereken bir süreçtir, şimdi.

Özgürlük olmadan aşksız ve aşk içinde yaşamak mümkün değildir. Bazılarımız evli ve çocuklu değilsek bizde bir sorun olduğu düşüncesinin esareti içinde buluruz kendimizi. Bu, kırmamız gereken kısır bir inanç döngüsüdür. Biz sadece özgür değiliz, özgürlüğün kendisiyiz de. Bizler bağlanmak için değil, sevmek için yaratıldık. Aşk her yaşta yaşanabilir. Aşk sonsuz bir fiildir. Onu vücut diline getiren şey korkularımızdır, kaybetmek gibi, aldatılma korkusu gibi. Bu ruhani bir savaştır. Kendini sevmek bunu başarmak için atılacak ilk adımdır. Bu sadece kendinize âşık olmak anlamına gelmez. Her şeyden önce kendinizi sevmeli ve kendinize saygı duymalısınız. Çok bilge bir kişinin bir zamanlar dediği gibi: "Kendimden nefret ediyorum ve kendimi seviyorum." Özgürlük buradadır.

Kendimizi sevdiğimizde özgür oluruz. Bu en iyi sevgidir. Başkalarına da veren sevgidir. Kendinizi sevdiğinizde, olduğunuz kişiyi seversiniz. Sevildiğiniz zaman olduğunuz kişiyi. Harika olduğunuzda olduğunuz kişiyi. Nazik olduğunuzda olduğunuz kişiyi. Cesur olduğunuzda olduğunuz kişiyi. Akıllı olduğunuzda olduğunuz kişiyi. Ne olacağı hakkında hiçbir fikriniz olmadığında olduğunuz kişiyi. Aptalca davrandığınızda olduğunuz kişiyi. En büyük özgürlük budur.

Kendinizi sevdikçe, dünyayı ve içindeki insanları yeni bir bakış açısıyla tanıyacaksınız. Sevildiğinizi bileceksiniz. O zaman her şeyi özgür bırakacaksınız. Bu deneyim, kaçınmamız gereken bir şey değil, yaşanması gereken bir armağandır. Aşk, birlikte olmanız gereken kişiyi bulmakla ilgili değildir. Her zaman yaşamak istediğiniz hayatı yaşamakla ilgilidir. Kendinizi sevin. Varoluşu sevin. Özgürlüğün tadını o zaman çıkaracaksınız.

Ancak özgürlük fikri pek çok insan için korkutucudur. Çünkü her şeyin sorumluluğunu üstüne aldığın anlamına gelir bu. Senin adına düşünen ve uygulayan birileri yoktur. Bu nedenle risklidir de. Doğru ile yanlış arasında seçim yapmak zorunda kalacağın anlamındadır özgürlük. Sorumluluğu yükleyeceğin başka biri yoktur. Bu nedenle insanlar bir gruba dahil olmaya meylederler. Bir yerlere ait olmak yokuş aşağı kayak yapmaya benzer. Özgürlük ise yokuş yukarı çıkmaktır.

Birey vahşi bir canlıdır, ehlileştirilemez ve evcilleştirilemez, özellikle de kendi bedeni söz konusu olduğunda. Bedeninizin özgürlüğü onunla istediğinizi yapmak, zihninizin özgürlüğü ise istediğinizi düşünmektir. Zamanınızın özgürlüğü, onu dilediğiniz gibi kullanmaktır. Paranızın özgürlüğü onu dilediğiniz gibi harcamaktır. Ruhunuzun özgürlüğü onu dilediğiniz gibi dağıtmaktır. Ancak bunlardan daha da korkutucu olanı zihindeki özgürlük düşüncesidir. Zihin benliğimizin göremediğimiz, hissedemediğimiz, duyamadığımız ya da koklayamadığımız tek parçasıdır. Zihin bedenden ve ruhtan ayrıdır ama her ikisinin de kaynağıdır. Bu korkutucu bir düşünce ve muhtemelen özgürlük devriminin en korkutucu kısmı.

Zihin hemen göze çarpmayan şeylerden etkilenebilir. Geçmişten ve korkudan etkilenebilir. Dolayısıyla, bedenlerimizle ilgili kararlar verirken, bunu genellikle korkularımızın ışığında yaparız. Sadece tekrar incinmekten kaçınmak için seçimler yapabiliriz ya da başkalarının hayatlarını etkileyebilecek seçimler yapabiliriz. Ancak zihinlerimizle ilgili kararlar aldığımızda, bunu yapmamız için genellikle dışa yansıyan belirgin bir neden yoktur. Sadece bize bunun kötü, tehlikeli ya da bize göre olmadığı söylenmiştir.

İşte bu noktada özgürlüğe ulaşırız. Bu, diğer insanların bizden yapmamızı istediklerini yapmakla ya da belirli bir işe veya ilişkiye sahip olmakla ilgili değildir. Bu, kendimiz ve tutumlarımız, inançlarımız, davranışlarımız ve duygularımız üzerinde kontrol sahibi olmakla ilgilidir. Başka bir deyişle, istediğimiz gibi düşünme ve hissetme özgürlüğüne sahip olmaktır. Hayatımızı nasıl yaşayacağımıza karar verme özgürlüğüne sahip olmaktır.

Hayatımızdaki en önemli kararları alma özgürlüğüne sahip olmaktır. Kendimiz olma özgürlüğüne sahip olmaktır.

İnsan olmak özünde özgür olmak anlamına geliyor. Özgürlük ise temelde cinsellik ile ilişkili. Çünkü insan olmanın doğasında cinsellik vardır. Evet, evlilik iki ruhun birleşmesi, iki hayatın harmanlanması ve ev işlerinin sonsuz paylaşımı. En tepedeki kirazı da unutmayalım ama: Seks.

Var olman için gerekli ilk şart anne ve babanın cinsel birleşmesiydi ve sen öyle dünyaya geldin, diğer milyarlarca canlı gibi. Ama bunu düşünürken bile suçluluk hissediyorsun. Anne ve babanın odalarında bir ilişki yaşadıkları gerçeğini kabullenemiyorsun. Seksüel bir yaratık olarak var olma zorunluluğumuzu idrak ve kabul ettiğinde özgürlüğe ilk adımı da atmış oluyorsun aslında. Onu olduğu gibi kabul ettiğinde özgürsün. Dikkat edin kimse nasıl uyumalıyım diye soru sormuyor yüzyıllardır. Nasıl nefes almalıyım diye akıl arayan yok. Çünkü toplumlar bu şekilde baskı altına alınamıyor. Hatta uyuyan bir toplum gibisi zaten yok. Ama akıllarda tek tabu var. Cinsellik. Cinselliğinizle yüzleşmekte zorlanıyorsunuz çünkü öyle isteniyor. Sen uyuyup uyanabilen, nefes alabilen cinsel bir varlıksın aslında. Bu sizin kimliğiniz değil. Nasıl doğduğunuz değil, nasıl öleceğiniz de değil. Tam burada, şu anda kim olduğunuzdur. Çok basit.

Seks bir sorun değildir. Bir armağandır. Gerçekten mutlu ve bağlı olan çiftlerde gördüğümüz bir değişmez, seks yaptıkları gerçeğidir. Bu sadece romantik bir ideal değil, her birimizin yerine getirmesi gereken doğal bir işlevdir. Seksin sıklığı ve türleri de ilişkinin kalitesi hakkında fikir verebilir. Bu sizin doğuştan hakkınızdır ve herkesin insani hakkıdır. Bunu engellemeye, inkâr etmeye ya da sansürlemeye yönelik her türlü girişim bir şiddet eylemiyle eşdeğerdir. Seks yaşamın temel önkoşuludur. Bu temel biyolojik ihtiyacı ıskalarsak, hayatlarımızda tahribat yaratma olasılığı vardır. Seks sadece bir tabu değildir. Doğru kişi için doğru zaman olduğunda büyük bir güç ve zevk kaynağı olabilir. Seks, sevgi ve duyguları ifade etmenin çok güçlü bir yoludur. Kişi cinsel arzularını kaybettiğinde, bu durum ilişkisini dramatik bir şekilde etkileyebilir.

Seks tango gibidir. Tango yapmak için iki kişi gerekir. Seksin özel olduğu varsayımı güçlü bir varsayımdır. Bu varsayıma göre cinsellik, sevgi dolu bir çift ile onların doktoru, terapisti ya da ruhani danışmanı arasındaki özel bir konudur. Ancak gerçekte, seks özel bir şey değildir. Çoğu insanın sahip olduğu güçlü bir biyolojik dürtüdür ve pek çok insan bu dürtü ile meşgul olur. Bunu tartışmak önemlidir, çünkü bu konuda ne kadar çok konuşursak, bu şaşırtıcı, doğal ve güzel aktiviteyi denemek için kendimize izin vermemiz o kadar kolay olacaktır. Bedenlerimiz ve cinselliğimiz hakkında ne kadar açık ve dürüst olursak, kendi cinsel deneyimlerimizden sorumlu olmak için o kadar fazla güce sahip oluruz. Özgürlüğümüzün temeli de buradan gelir. Bu çok zor geliyor biliyorum. Çünkü nevrotik bir topluma dönüşüyoruz konu cinselliğe gelince. Bastırılmış her duygu daha sonra sapkınlığa götürüyor. Bir nevi köleliktir bu da. Onu baskıladıkça, ondan kaçmaya çalıştıkça aşırı düşkünlüğe neden oluyor bu durum. Özgürlük burada yok oluyor. Çünkü toplum olarak kafalarda yarım kalmış bir seks anlayışı var.

Bir şeyin yarım kalması, yapılabilecek daha fazla şey olduğu hissini uyandırır. Bu, artık mevcut olmayan bir ilişki veya ulaşamadığımız bir hedefle ilgili bir hayal kırıklığı, bağımlılık veya suçluluk duygusudur. Kaçırılmış bir fırsatla da ilgili olabilir. Bu tür bitmemiş işler bireyler ve ilişkiler için gerçek bir zorluk olabilir. Bir ilişkide yarım kalmış bir işin çözüme kavuşturulabilmesi için bunun ne olduğunu ve hayatınızı ve ilişkilerinizi nasıl etkilediğini bilmek önemlidir. Ama konu cinsellik olduğunda herkes suspus olduğu için yapılabilecek tek şey o hissi bastırmaktır. Yarım bırakılan hiçbir şeyi aklından çıkaramazsın. Tabağındaki yemeği yarım bırakıp bir yere çıkmak zorunda kalırsan aklın o tabakta kalır. Bir telefon konuşması tam ortasından kesilirse zihnin tüm gün o konuşmanın devamını kendisi getirir durur. Cinsellik için de aynısı geçerli. Bastırırsan kölesi olursun, onu her canlının doğal bir özelliği, Tanrı'nın kutsal bir armağanı olarak görürsen kabullenirsin. Kabullenmek özgürlüktür.

Ancak egoist insanlar cinselliğe karşıdır. Kendini seven insan buna karşı çıkmaz. Seks eşini daha değerli hissettiğin bir durumdur. Karşılıklı teslimiyet vardır. Ama egoist insanlar buna ayak uyduramaz. Çünkü seks bu insanlar için aşağılayıcı olur. Sekse bir günah ya da ayartma olarak bakarlar sonrasında. Öyle değil. Korkmanız gereken tek şey kendinizi cinsel açıdan yüzde yüz verememektir. Nasıl göründüğünüzden, nasıl hissettiğinizden veya yatakta nasıl performans gösterdiğinizden memnun değilseniz, o zaman bu seks değildir. O egodur. Bunları aşarsan bedensel değil spiritüel bir birliktelik deneyimlersin. Bu özgürlüktür işte. Eşin o zaman senin aynan olur. Onun gözlerinde kendini görürsün. Böyle bir aşk çok nadirdir. Bir daha ne zaman elde edeceğinizi asla bilemeyeceğiniz bir hediyedir. Bu harika duyguyu yaşamak istiyorsanız, sizi siz olduğunuz ve olacağınız için takdir eden bir partner bulduğunuzdan emin olun. Tek beden olmak budur. Özgürlük budur.

Tekrarlıyorum. Seks tango gibidir. Ve bazen eşlerden birinin canı dans etmek istemeyebilir. Bu danstan artık nefret ettiği anlamına gelmez. Şöyle düşünün: Evlilik bir açık büfe gibidir ve seks birçok yemek arasında sadece bir tanesidir. Elbette, her zaman ikincisini (veya üçüncüsünü) yemek için geri döndüğünüz favori bir yemeğiniz olabilir, ancak bu masadaki diğer tüm lezzetli seçenekleri görmezden geldiğiniz anlamına gelmez.

İletişim, güven, arkadaşlık, ortak ilgi alanları ve en önemlisi mizah duygusu vardır. Çünkü kabul edelim ki, kahkaha her şeyin tadını daha iyi hale getiren gizli bir bileşen gibidir. Bu her çiftin başına gelebilir. Eşiniz de bir süre cinsellikten uzaklaşabilir. Böyle bir durumda cinsellik sizin için her zamankinden daha önemli ve çekici bir hal alabilir. Ancak ne kadar çok baskı kurarsanız bu hissini daha da güçlendirmiş olursunuz eşinizin. Ve kendisinde suçluluk hissi yaratırsınız.

Cinsel isteksizlik, evlilik hayatının en yanlış ve en az anlaşılan yönlerinden biri olabilir. Her zaman evlilik ortamının bir parçası olmasına rağmen, belirli çiftlerde ve belirli koşullar altındaki rolü ve ilişki üzerindeki etkisi hâlâ tam olarak anlaşılamamıştır.

Cinsel isteksizlik, cinsel ilişkinizin kötüye gittiğinin bir işareti değildir. Cinsel hayatınızın iyi olduğunu ancak yakınlaşmak istemediğinizi gösteren bir işarettir. Cinsel uyarılmanın mutlaka cinsel istek anlamına gelmediğini anlamak önemlidir. İsteksizliği olan birçok çift yine de seksten zevk alabilir. Önemli olan duygularınızı paylaşmaya açık olmak ve cinsel ihtiyaçlarınızı müzakere edebilmektir. Bir ilişkideki her sorunda olduğu gibi, iletişim başarının anahtarıdır.

Bu duygu genellikle cinsel performans kaygısının bir sonucudur. Geçmişte birçok insan seksi daha fazla zaman ve çaba gerektiren karşılıklı bir yükümlülük süreci olarak görüyordu. Bu durum, "seksin kirli bir iş olduğu" inancına sahip birçok kültürde yansımasını bulmuştur. Ancak bugün, seksin her iki eşin de keyif alabileceği fiziksel ve duygusal bir deneyim olduğunu anlıyoruz. Cinsel isteksizliği anlamanın anahtarı, bunun ilişkinizin sorunlu olduğunun bir göstergesi olmadığının farkına varmaktır. Bu sadece eşinizin duygusal ihtiyaçları ile senkronize olmayan bir cinsel istek sorununun belirtisi olabilir. Diğer durumlarda, cinsel isteksizlik daha derin duygusal sıkıntıların bir işareti olabilir. Bu döngüyü kırmanın en iyi yolu, bu konuyu partnerinizle açık ve dürüst bir şekilde konuşmaktır.

Şunu anlamamız lazım öncelikle. Cinselliğin gerçek aşkla alakası yoktur. Çok daha yüce bir şeyin ufak bir parçası olabilir sadece seks.

Söz konusu aşk olduğunda, ağırdan almamız gerekir. Doğru zamanda olmasına izin verin ve sonra beklemeye istekli olun. Fazladan yol kat etmeye istekli olun. Bunun normalde yaptıklarımıza karşı çıkmak anlamına geldiğini düşündüğümüzde bile. Ama asla onu kontrol etmeye çalışmayın. Aşk ılık bir yaz gecesi sahilde yüzünüze vuran bir meltem gibidir çoğu zaman. Saçlarınızı havalandırır, eser geçer. O anın huzurunu o an yakalamak zorundasınızdır.

Aşk harika bir şeydir. İnsanların en iyi yönlerini ortaya çıkarır ve bazen de en kötü yönlerini ortaya çıkarır. Sahip olması zor bir şey olabilir ve bazen nasıl deneyimleyeceğini anlamak biraz zaman alır. Ama içinizdeki en iyiyi ortaya çıkaracak ve sizi tamamlanmış hissettirecek kişiyi bulduğunuzda buna fazlasıyla değdiğini bileceksiniz.

Nazik bir hatırlatma:

Senden niye vazgeçtim!

Kötü günümde yanımda olmadığın zaman vazgeçtim.

Canın sıkıldığında benimle paylaşmadığını, kırılacak veya tedirgin olacak olsam bile

düşüncelerini açıkça söylemediğini anladığım zaman vazgeçtim.

Bana yalan söylediğini anladığım zaman vazgeçtim.

Gözlerime baktığında kalbinle bakmadığını ve

bana hâlâ söylemediğin şeyler olduğunu hissettiğimde vazgeçtim.

Her sabah benimle uyanmak istemediğini

geleceğimizin hiçbir yere gitmediğini anladığım zaman vazgeçtim.

Düşüncelerime ve değerlerime değer vermediğin için vazgeçtim.

Ağrılarımı dindirecek sıcak sevgiyi bana vermediğinde vazgeçtim.

Sadece kendi mutluluğunu ve geleceğini düşünerek beni hiçe saydığın için vazgeçtim.

Tablolarımda artık kendimi mutlu çizemediğim

ve tek neden "sen" olduğun için vazgeçtim.

Bencil olduğun için vazgeçtim.

Bunlardan sadece bir tanesi senden vazgeçmem için yeterli değildi

çünkü sevgim yüceydi.

Ama hepsini düşündüğümde senin benden çoktan vazgeçtiğini anladım.

Bu yüzden ben de senden vazgeçtim.[2]

2. Frida Kahlo'nun Diego Rivera'ya yazdığı iddia edilen veda mektubu. (Frida Kahlo Müzesi, iddia konusu cümlelerden hiçbirinin ressama ait olmadığını duyurmuştur.)

"Aşk bir ağaç gibidir: Kendiliğinden yetişir, kökleriyle tüm benliğimizin derinliklerini sarar ve yıkıntı halindeki bir yürekte yeşermeye devam eder."

Victor Hugo, *Notre Dame'ın Kamburu*

Aşkı özgürce yaşayamamanın zehirli meyvesi: Aşkın olmadığı evlerde yetişen çocuklar.

Özgürlüğü kısıtlayıcı bir şey daha var: Çocuklarının önünde birbirlerine olan aşklarını gizlemeye çalışan ebeveynlerin asırlık mücadelesi. Gizli kimliklerini saklı tutmaya çalışan iki casusu izlemek gibi. En iyi poker suratlarını takınırken gizli bakışlar ve ince dokunuşlar alışverişinde bulunurlar kimseye görünmeden. Ama dürüst olalım, çocuklar sandığımız kadar habersiz değiller. Romantizmin inceliklerini anlamıyor olabilirler, ancak şüpheli bir şeylerin döndüğünü kesinlikle bilirler. Peki, ebeveynler neden sevgilerini küçük çocuklarının önünde göstermekten çekinirler? Belki de onları henüz anlamadıkları duygularla boğma korkusu ya da onları şımartabileceği endişesidir. Sebep ne olursa olsun, bu tereddüt çocukları sevginin en saf haline, yani ebeveynleri arasındaki sevgiye tanık olmaktan mahrum bırakır.

Bunun bir nedeni, ebeveynlerin çocuklarından gelecek korkunç "Öğğğ!" faktöründen korkmaları olabilir. İki ebeveynin mutfakta bir öpücük çaldığını ve bunun ardından çocuklarının "Iyyy!" korosuyla karşılaştıklarını düşünün. Sanki dünyadaki en iğrenç şeye tanık olmuşlar gibi. Birdenbire anne ve baba kendilerini bir kayanın altından çıkmış iki sümüklüböcek gibi hissetmeye başlar.

Bir başka olası neden de çocukları için gerçekçi olmayan beklentiler oluşturma korkusudur. Ebeveynler, birbirlerine karşı çok fazla sevgi ve şefkat gösterirlerse, çocuklarının ilişkiler hakkında gerçekçi olmayan fikirlerle büyüyeceğinden endişe ederler. Küçük çocuklarının pembe gözlüklerle dolaştığını, tanıştıkları her prens ya da prensesin ayaklarını yerden kesmesini beklediklerini hayal ederler. Bu nedenle, ebeveynler sevgi dolu olmak yerine, soğukkanlı davranmaya ve sevgi dolu anlarını kapalı kapılar ardında tutmaya karar verirler.

Belki de ebeveynler birbirlerine karşı çok fazla sevgi göstermenin ebeveynlik otoritelerini kaybetmelerine neden olabileceğinden endişe ediyorlardır. Sanki sevgi ve disiplinin aynı evde asla bir arada var olamayacağına inanıyorlar. Bu nedenle, bir an katı disiplinci, bir an sevgi dolu eş olmak yerine, sürekli bir ebeveyn otoritesi havasını korumayı tercih ediyorlar. Bu, pelerinini hiç çıkarmayan bir süper kahramanla yaşamak gibidir – etkileyici ama biraz da yorucu.

Dahası, toplumun beklentileri ve kültürel normlar ebeveyn davranışlarının şekillenmesinde önemli bir rol oynamaktadır. Kırılganlığın genellikle zayıflık olarak algılandığı bir dünyada, bazı ebeveynler sevgiyi açıkça göstermenin bir kırılganlık eylemi olduğuna inanarak, soğukkanlı bir cepheyi korumak için baskı altında hissedebilirler.

Ama şöyle bir şey var: Çocuklar bizim onlara verdiğimiz değerden daha akıllıdır. Yetişkin ilişkilerinin tüm inceliklerini anlamayabilirler, ancak bir şeylerin yolunda gitmediğini kesinlikle hissedebilirler. Öyleyse neden onlara sağlıklı, sevgi dolu bir ilişkinin neye benzediğini göstermeyelim? Bırakın o çalıntı öpücüklere ve eğlenceli şakalaşmalara tanık olsunlar. Bu onlara aşkın peri masallarının sınırlarının ötesinde de var olabileceğine dair umut versin, korkmayın.

Ebeveynlerin çocuklarının önünde birbirlerine olan sevgilerini göstermekten çekinmeleri, bir fili dolaba saklamaya çalışmak gibidir – işe yaramayacaktır. Çocuklar bizim fark ettiğimizden çok daha fazlasını algılayabilen küçük varlıklardır. Bununla birlikte, ebeveynlerin küçük çocuklarının önünde sevgi gösterisinde bulunmanın duygusal gelişimleri üzerinde son derece olumlu bir etkisi olabileceğini fark etmeleri önemlidir. Ebeveynler arasındaki sevgi eylemlerine tanıklık etmek, çocuklara güven duygusu aşılayabilir, sağlıklı ilişkiler konusundaki anlayışlarını geliştirebilir ve onlara sevgiyi nasıl ifade edeceklerini ve alacaklarını öğretebilir. Ebeveynler savunmasızlığı kucaklayarak ve sevgilerinin parlamasına izin vererek, sevginin kutlandığı ve el üstünde tutulduğu bir ortam yaratırlar. Bu nedenle, ebeveynleri tereddütlerini bir kenara bırakmaya ve küçük çocuklarının önünde sevginin güzelliğini kucaklamaya teşvik edelim. Ne de olsa sevgi sınır tanımaz ve en önemli kişilerle kayıtsız şartsız paylaşılmalıdır.

Ebeveynlerinin ilişkilerinde sevgiye tanık olmamış çocuklar, kendi yaşamlarında önemli zorluklarla karşılaşabilirler. Sevgi, sağlıklı bir aile dinamiğinin temel bir bileşenidir ve sevgi olmadığında çocuklar sevginin neye benzediğini ve nasıl ifade edilmesi gerektiğini anlamakta zorlanabilirler. Sevgiye maruz kalmamaları, duygusal refahları, özsaygıları ve gelecekte sağlıklı ilişkiler kurma becerileri üzerinde derin etkiler yaratabilir.

Çocuklar ebeveynlerinin birbirlerine karşı sevgi gösterdiklerini gözlemlediklerinde, sevginin nasıl ifade edileceği, çatışmaların nasıl çözüleceği ve bir ilişkinin iniş ve çıkışlarının nasıl yönetileceği hakkında önemli dersler öğrenirler. Bu gözlemler kendi davranışları için bir model görevi görür ve sevgi dolu bir birlikteliğin nasıl olması gerektiğine dair anlayışlarını şekillendirir. Ancak çocuklar ebeveynleri arasındaki sevgiye tanık olmadıklarında, bu değerli öğrenme deneyiminden mahrum kalırlar.

Ebeveynlerinin ilişkilerinde sevginin varlığı olmadan, çocuklar sevginin neye benzemesi gerektiğine dair çarpık bir görüşle büyüyebilirler. Sağlıklı sevgi biçimlerini tanımakta zorlanabilirler ve hatta zararlı davranışları sevgi sanabilirler. Bu da ilerleyen yaşlarda sağlıklı ilişkiler kurma ve sürdürmede zorluklara yol açabilir. Ayrıca, ebeveynleri arasındaki sevgiye tanıklık etmeyen çocuklar, özsaygılarını ve genel refahlarını etkileyebilecek bir boşluk veya aidiyet eksikliği hissedebilirler.

Dahası, ebeveyn ilişkisinde sevginin yokluğu da çocuğun duygusal gelişimi üzerinde olumsuz bir etkiye sahip olabilir. Sevgi, çocuklar için bir güvenlik ve istikrar duygusu sağlar ve bu olmadan, aile ortamlarında kendilerini belirsiz veya güvensiz hissedebilirler. Bu durum, endişe veya korku duygularının yanı sıra başkalarına güvenme konusunda zorluklarla sonuçlanabilir. Ayrıca, ebeveynlerinin ilişkilerinde sevgiye tanık olmamış çocuklar, bu davranışları eylem halinde gözlemleme fırsatı bulamadıkları için duygusal düzenleme ve empati ile mücadele edebilirler.

Ebeveyn ilişkisinde sevginin olmamasının, ebeveynlerin çocuklarını önemsemediği anlamına gelmediğini unutmamak önemlidir. Ebeveynlerin kendi aralarında sevgi yokken çocuklarına karşı sevgi ve şefkat göstermeleri mümkündür. Bununla birlikte, sevgi dolu bir ortaklığın eksikliği çocuğun gelişimi üzerinde önemli etkilere sahip olabilir.

Ebeveynlerinin ilişkilerinde sevgiye tanık olmamış çocukları desteklemek için onlara alternatif sağlıklı ilişki modelleri sunmak çok önemlidir. Bu, sağlıklı birlikteliklerin neye benzediğini gösterebilecek akrabalar, öğretmenler veya akıl hocaları gibi olumlu rol modelleri aracılığıyla yapılabilir. Ayrıca, çocuklara terapi veya danışmanlık için fırsatlar sunmak, duygularını işlemelerine ve sevgi ve ilişkiler hakkında daha iyi bir anlayış geliştirmelerine yardımcı olabilir.

Ancak tüm bunların en etkili panzehri tanıklık etmektir. Anne babanın gerçek aşklarına şahit olmak. İşte o zaman çocuk da aşkın varlığından haberdar olmaya başlar ve ebeveyn olarak kalbine bir aşk tohumu ekersiniz ve onu büyütmeye başlar zaman içinde. Deneyimlemediğin şeye tanıklık etmek en güvenilir yoldur. Eğer anne ve baban arasında aşkın zerresine bile rastlamadıysan sen de ileride onun varlığına nasıl ikna olabilirsin ki?

Frederick Douglass şöyle diyor:

> *"Sağlam çocuklar yetiştirmek, arızalı insanları düzeltmekten kolaydır."*

Çocuk yetiştirmek de özünde böyle bir süreç her anlamda. Çocuklarınızı deniz kenarında arsadan girip inşa ettiğiniz yazlık binanız gibi göremezsiniz. İstediğiniz kadar kat çıkamazsınız. Çocuk yetiştirmek bahçeni güzel tutmaya benzer. Sen olmasan da bahçende güller yetişir, ağaçlar çiçek açar, yaprak döker. Ama biraz özveri gösterirseniz daha güzel bir yer halini alır, cennetten bir köşe gibi.

Nietzsche Ağladığında kitabında Irvin D. Yalom şu cümleyi kuruyor:

> *"Çocuklarınızı yetiştirmek için önce kendinizi yetiştirmeniz gerek. Aksi halde, hayvani ihtiyaçlarınız ya da yalnızlığınız ya da içinizdeki boşlukları doldurmak için çocuk sahibi oluyorsunuz demektir..."*

Çocuklarınızı sıfırdan inşa etmeyin, sadece var olma sürecinde onların elinden tutun. Onları hapsetmeyin, yol gösterici olun yeter. Bunun en etkili yolu da iyi bir rol model olmaktır. Bu nedenle ebeveynleri arasında aşka şahit olmayan bir çocuğun da aşkın varlığına inanması çok güç olur.

Aşkın yaşandığı hiç mutlu bir ev yok mu derseniz eğer, evet var olabilir. Ancak çocuk sadece mutsuz olan bölüme şahit oluyor genelde. Eşler birbirlerine sevgi gösterisinde bulunurken buna hiçbir çocuk tanıklık edemiyor. Çünkü öyle öğretildi bize. Çocuk sadece eşler arasındaki tartışmaları, hakaretleri, dırdırı görüyor. Eşler sevgi dolu davranışlarını, jestlerini kapalı kapılar ardında gerçekleştiriyor. Sevmekten, bunu göstermekten utanıyoruz. Halbuki bu bana çok ilginç geliyor.

Toplum öylesine bastırılmış bir vaziyette ki doğru ile yanlış birbirine girmiş durumda. Hayatta başa çıkılması en zor şeylerden biri inançtır. Dünya bize gerçek olmadığı ve görülemeyeceği için göremediğimiz şeyleri görmezden gelmemiz gerektiğini söyler. Din bize anlayamadığımız şeyleri görmezden gelmemizi söyler, çünkü o gerçek değildir ve anlaşılamaz. Bilim bize bilmediğimiz şeyleri görmezden gelmemizi söyler, çünkü gerçek değildir ve gerçek olmayabilir.

Pek çok insan için bu üç şey arasında bir mücadele vardır: Bir şeyin gerçekten var olduğuna inanırız, ancak dünya inancımızı desteklemiyor gibi görünür. Dünya bize bir şeyin gerçek olmadığını söyler ki biz onun gerçek olduğunu biliriz ve din bize bir şeyin gerçek olduğunu ve her şeyin göründüğü gibi olduğunu söyler, ancak biz bunu anlamayız.

Bu karmaşanın içinde bir yerlerde bazen doğruyu buluruz. Dünya buna inanmasa bile biz her şeyi olduğu gibi, gerçekte olduğu gibi görüyoruz. Dünya öyle olmadığını söylese de biz bir şeylerin var olduğuna ve anlaşılabileceğine inanıyoruz. Ve ayrıntılar konusunda hâlâ belirsiz olsak da, aşkın gerçek bir şey olduğunu ve önemli olduğunu biliyoruz. Ancak gösteremiyoruz. Hiçbir toplum cinayete ve savaşa aşka karşı çıktığı kadar tepki göstermiyor. Hatta yol kenarında kavga eden iki kişiyi gördük mü merakla izliyoruz, telefonlarımızı çıkarıp güzel bir malzeme yakaladığımız inancıyla fotoğraflıyoruz bile. Ama bankta birbirine sarılan iki genç gördük mü elimizde olsa cehennemin dibine göndermek istiyoruz.

Cinayet tamam, cinayet romanları tastamam, savaş çığırtkanlığı yapmak ülke savunması adı altında oldukça mubah ama aşk yasak. Çünkü aşk ahlaksızlığın en uç noktası ama savaşmak değil. Aşk cehennemin kapılarını açan tek anahtar ama cinayetler değil. En büyük ahlaksızlık şiddettir belki de. Toplumda, şiddetin meşrulaştığı kadar sevgi de meşrulaşsa dünya çok daha yaşanılası bir yer olurdu. Yine de bu kadar düşmanca baskıya rağmen aşkın konuşulabiliyor olması bile mucize.

Aşk bir mucize.

Şifre 5

Kalbin Derinliklerine Bir Yolculuk: Aşkı Anlamak

Aşk, yol boyunca onu kovalamaktır, elde etmek değil.

Aşk sürekli bir susuzluk halidir.

"Unutma. Yokuş aşağı inmek kolaydır ama manzara tepeden seyredilir..." diyor Dan Brown.

Şunu kabullenmeliyiz, aşk varsa hüsran da vardır. Gerçek aşkın söz konusu olduğu yerde hayal kırıklığı da olur başarısızlık da. Çünkü yokuş yukarı çıkılan bir yolculuktur o. Ve en güzel manzara da zirveden izlenir. Yolculuk boyunca birçok soru ve sorun ile de karşılaşırsın. Her soruya doğru bir cevap bulmak zorunda değilsin. Bazen yanlış yapmak, önüne çıkan her soruya bir yanıt bulamamak düşündüğün kadar korkunç bir şey değildir aslında. Aşkın gizemi de buradan gelir.

Aşkı tecrübe ettiğini sananlar sadece iki renge indirgerler onu. Ya siyahtır ya da beyaz. Aşk bir renk cümbüşüdür aslında ve bunca görkemli renk varken gerçek duyguları siyaha ya da beyaza indirgemek ne kadar acıdır. Gerçek aşk, fırça kullanmadan yaşamı rengârenk bir gökkuşağına çevirebilme sanatıdır oysaki. Notalar olmadan müziğe ayak uydurabilmektir, yaşamı dansa kaldırmaktır hiç sıkılmadan.

Bu yolculuk biz nefes aldığımız sürece devam eder. Varış noktası ile ilgilenmez gerçek âşıklar, yolun kendisi olur, yolculuk olur. Çünkü aşk eski yaralara tuz basmak değil, onları kucaklamaktır. Aşkın bir sınırı da yoktur, yaşı da. Her ne kadar hepimiz son nefesimize kadar bizi deli gibi sevecek birisini beklesek de, sokakta el ele yürüyen, parkta öpüşen, dans eden yaşlı bir çift görürsek ayıplarız. "Bu ne böyle, ergen gibi!" deriz. Sadece gençlere özgü bir şeymiş gibi düşünürüz sevmeyi. Halbuki aşk tam da şarap gibi yıllandıkça ve tek kişiyle yaşandıkça daha lezzetli bir hal alır ve sarhoş edici olabilir.

Bu yolculukta en korkutucu şey ihmaldir, tekdüzeliktir, çabalamamaktır. Aşk ancak bu yollarla ölür. Eşlerden birinin ya da ikisinin de ihmalidir en çok yaralayan. Umursamamak, denenmiş bir başarısızlıktan daha öldürücüdür çünkü. Her canlı gibi aşk da bakım ister, özveri ile büyür.

Bir arkadaşımla sahilde dertleşiyorduk. Son ilişkisi sonrasında yaşama ve insanlara biraz içerlemişti, aylardır neredeyse evden bile çıkmıyordu dışarı. Artık gerçekten sevilmek istediğini söylüyor ve gerçekten sevebileceği birinin yokluğundan bahsediyordu. Beyaz atlı prensinin kapıya dayanmasını bekliyordu sanırım. O sırada bir tane yavru kedi kucağına atladı ve sırnaşmaya başladı. Kendini nasıl sevdireceğini iyi biliyordu minik. Bir anda sohbetimiz yarıda kesildi ve odak konumuz o oldu. Araba bagajındaki mamadan biraz getirdik hemen, karnını doyurduk. Kedi bir türlü arkadaşımın yanı başından ayrılmadı. "Ne kadar şanslısın sen ufaklık, sen beni buldun. Ama ben sanırım aşk konusunda ölene kadar yalnızlık çekeceğim..." diyerek seviyordu kediyi. Nihayetinde bunun bir işaret olabileceğini düşündü ve kediyi sahiplenip eve götürmeye karar verdi. Aslında işaret barizdi.

"Bak bu kedi seni nasıl da buldu? Yanına geldi, sevgiye ihtiyacı olduğunu belli etti. Etkiye tepki meselesi her şey. Sen aylarca evden çıkmayarak aşkın seni bulmasını nasıl bekliyorsun? Aşkı bulmak da, idame ettirmek de bir çaba gerektirir..." dedim ona. Mesaj alınmıştı. Bazı insanlara içerleyebilirdi ama aşka küsemezdi.

İncinme ve ilişkide tekrar başarısız olunacağı korkusu aşkın önündeki en büyük engellerdendir. Olumsuzluğu önümüzdeki bir olasılık olarak görmekten daha büyük bir çaresizlik olamaz. Zaten aşk kusursuzluğu sevmez. Ama biz bir o kadar ısrarcıyızdır her şeyin tamtakır işlemesini istemekte. Aşk ışık olmayan yerde ışık görebilmektir. Ancak biz hep o ışığı söndürmek üzere yaşarız.

Işık olmayan yerde ışığı görmekten kastım tam da Âşık Veysel'in dediğidir:

> *"Güzelliğin on par' etmez*
> *Bu bendeki aşk olmasa."*

Aşk dışadönük değil içedönüktür; neye sahip olduğumuza değil, ne olduğumuza bağlıdır.

Çoğu zaman aşk
baktığın yerde değil,
gözlerini kaçırdığın yerdedir.

Âşık olmak en kolayıdır, âşık kalabilmek ise asıl mesele.

İnsanlar güzellik ile aşkın doğru orantılı olduğunu düşünürler. Durum aslında tam aksidir. Aşk sarkmış bir göğüsle, kırışmış göz altlarıyla ilgilenmez. Âşık olduğumuzda bunların ardında gizli kalmış güzellikleri görürüz. Bu manada da aşk en büyük özgürlüktür. Bu bir bakıma koşulsuz sevmek anlamındadır. Ve tüm partnerlerin ilişkilerini güvence altında hissetmelerini sağlayan bir söz verme eylemidir koşulsuz sevmek.

Aşk için tek koşul olmalıdır olacaksa: Sevdiğin kişinin özgürlüğü. Bu onu kaybetme pahasına bile olsa tek koşuldur. Aşk özgürlükten yanadır her zaman çünkü.

Sevmek çetele tutmaz, ufak hesaplarla ilgilenmez. O sadece vermeyi bilir. Gerçek aşk ticaret değildir, bir bahis oyunu hiç değildir. Kimin kârlı çıkacağı ile ilgilenmez. Bize dayatılan ilişkiler tamamen iki rakip yaratıyor oysaki. Bir kazananlar ve kaybedenler arenasına dönüşüyor evlerimiz. Birbirlerinin kontrolünü ele geçirmeye çalışan iki mutsuz rakipten öteye gidemiyor ilişkiler. Başkasının sevgisinin gölgesinde muhtaç uyuyan bir insan genellikle hayal kırıklığı içinde kâbuslarla uyanıyor sonra.

Çocuk babasına sorar:

"Babacığım, annemle nasıl evlendin?"

Adam eşine döner:

"Görüyor musun bak, çocuk bile buna bir anlam veremiyor!"

Âşık olmak en kolayıdır bu nedenle, âşık kalabilmek ise asıl mesele. Herkes seviyor. Herkes âşık oluyor. Çok nadir olan aşklar ise belden yukarı çıkabiliyor. Şair François Villon şöyle diyor:

> *"Seni seviyorum. Bunu söylemesi kolay, ancak anlamı kaderin çanı kadar müzikal ve dolgun olduğu için söylerken yüreğim duracak gibi oluyor."*

Bu hissiyatla kuramayacaksanız cümleyi, lütfen kimseye "Seni seviyorum..." demeyin.

Aşk sadece vermeyi bilir ancak yeri geldiğinde vazgeçmesini de bilir, kapıyı çekip çıkmayı da. Her şeyinizi adayacağınız bir olgu değildir. Bazı insanlar paraya tutunur, bazıları geçmişine, bazıları aşk sandığı şeye... Aşk böyle bir şey değildir.

Elimizde olana sahip çıkmak elbette güzel bir duygu ancak "Ne olursa olsun aşkına sahip çık!" sözü klişeden öteye geçemez. Aşka sahip çıkmaktan öte bir konu vardır: Aşkı sürekli kılmak. İlişkileri hep canlı tutmak, ilk başladığı andaki heyecanı idame ettirmek en büyük sorunsaldır. Bunu başarabilmenin sırrı şöyle özetlenebilir: Karşılıklı ve sürekli çaba. Aşk serüveninde ısrarcı ve çaba göstermeyen ilişkiler kısa süreli olmaya mahkûmdur her zaman.

"Ah, uzaktan nazik görünen aşk.
Nasıl da acımasız ve kaba denendiğinde!"

William Shakespeare, *Romeo ve Juliet*

Mutlu bir evliliğin sırrı, hâlâ bir sırdır.

Adam karısıyla arabada giderken polis sirenini duymuş, hemen sağa çekmiş ve polis gelmiş:

"Buyurun memur bey?"

"Beyefendi direksiyon başındayken cep telefonuyla konuşuyordunuz."

"Yok, efendim sadece ses çıktı, ben de şarjı mı bitiyor diye baktım."

Karısı lafa atlamış:

"A, yapma hayatım! Yarım saattir ortağınla iş görüşmesi yapıyordun telefonda."

Adam karısına sinirle bakarken polis yine sormuş:

"Beyefendi emniyet kemerinizi neden takmıyorsunuz?"

"Memur bey takmıştım ama sizin geldiğinizi görünce durduktan sonra çözdüm."

Karısı yine araya girmiş:

"Aman şekerim, sen o kemeri hayatında bir kere taktın mı acaba?"

Adam sinirden kıpkırmızı kesilmiş. Polis bu sefer de arabayı incelemeye başlamış.

"Beyefendi bakar mısınız, sağ sinyaliniz de kırık."

"Kırık mı? Sabah yola çıkarken kontrol ettim, kırık değildi yemin ederim. Yolda oldu galiba, hiç fark etmedik."

Karısı çenesini tutamamış yine:

"Amma da attın kocacığım, sana ne zamandır söylüyorum artık şu kırık sinyalin icabına bak diye."

Adam en sonunda dayanamamış bağırmış:

"Bana bak, sen susacak mısın artık!"

Polis kadına sormuş:

"Hanımefendi eşiniz size hep böyle mi davranır?"

Kadın cevap vermiş:

"Yok canım, sadece sarhoş olduğu zaman."

Aşk, yüzyıllardır insanları büyüleyen karmaşık ve girift bir duygudur. Genellikle öngörülemez olarak tanımlanır ve haklı olarak da öyledir. Aşk, bizi hem coşkulu hem de savunmasız hissettiren bir rollercoaster yolculuğuna çıkarma gücüne sahiptir. Tıpkı dipsiz bir kuyu gibi, aşkın da sınırları ya da limitleri yoktur. Düşüncelerimizi, eylemlerimizi ve varlığımızı tüketebilir. Bir an kendimizi dünyanın zirvesinde hissedebilir, âşık olmanın coşkusunu yaşayabiliriz. Ve bir sonraki an, kendimizi umutsuzluğun derinliklerine düşmüş, kalbimiz kırılmış ve paramparça bulabiliriz. Aşk kontrol edilemeyen veya tahmin edilemeyen bir güçtür, bu da onu hem heyecan verici hem de korkutucu kılar.

Aşk dünyasında hiçbir şeyin garantisi ya da kesinliği yoktur. Bir ilişkiye büyük umutlar ve beklentilerle girebiliriz, ancak öngörülemeyen koşullar veya duygulardaki değişiklikler nedeniyle bu beklentilerimiz boşa çıkabilir ve Rodney Dangerfield'ın kurduğu bu cümleleri bize de tekrar ettirebilir yeri geldiğinde:

"Karım ve ben yirmi yıl mutlu yaşadık.

Tanışana kadar."

Aşk bir neşe ve tatmin kaynağı olabileceği gibi, acı ve hayal kırıklığı da getirebilir. İşte bu öngörülemezdik bizi diken üstünde tutar, önümüzde ne olduğunu asla tam olarak bilemeyiz. Tıpkı dipsiz bir kuyu gibi, aşk da bunaltıcı ve her şeyi tüketen bir şey olabilir. Bizi tamamen içine çekme gücüne sahiptir, kendimizi kaybolmuş ve kendimizden emin değilmiş gibi hissetmemize neden olur.

Ancak aşkı bu kadar büyüleyici ve cazip kılan da tam olarak bu öngörülemezliktir. Bir sonraki adımda ne olacağını bilmemenin verdiği heyecan, hayatlarımıza bir macera duygusu katar. Aşk bizi konfor alanlarımızdan çıkmaya, risk almaya ve kırılganlığı kucaklamaya zorlar. Bizi korkularımız ve güvensizliklerimizle yüzleşmeye iter ve bunu yaparken birey olarak büyümemize yardımcı olur. Sevgi bize kendimiz ve başkaları hakkında değerli dersler öğretir. Bize sabırlı, anlayışlı ve bağışlayıcı olmayı öğretir. Kalp kırıklığı karşısında dirençli olmayı ve önümüze çıkan mutluluk anlarına değer vermenin önemini öğretir.

Öngörülemeyen doğasına rağmen aşk, insan deneyiminin önemli bir parçasıdır. Bizi başkalarına yaklaştırır, derin bağlar ve zamanın testine dayanabilecek bağlar kurar. Aşk hayatlarımıza anlam ve amaç katar, bize uğruna çabalayacak ve değer verecek bir şey verir. Kendimizi savunmasız hissetmemize neden olabilecek dipsiz bir kuyu olsa da, aynı zamanda bir güç ve dayanıklılık kaynağıdır. Sevgi bizi dönüştürme, içimizdeki en iyiyi ortaya çıkarma ve kendimizin daha iyi bir versiyonu olmamıza yardımcı olma gücüne sahiptir.

Evet, aşk öngörülemezdir. Sizi şaşırtabilir, ayaklarınızı yerden kesebilir ve nefessiz bırakabilir. Mantığa ve akla meydan okur, zamanın ve mekânın sınırlarını aşar. Aşk evcilleştirilemeyen veya kontrol edilemeyen bir güçtür. Kendine ait bir aklı vardır, bizi beklenmedik yollara ve keşfedilmemiş bölgelere doğru yönlendirir. Tam her şeyi çözdüğümüzü düşündüğümüz anda, aşk bizi ters köşeye yatırır ve bize kendi kalplerimizin efendisi olmadığımızı hatırlatır.

Aşk dünyasında hiçbir şeyin garantisi ya da kesinliği yoktur. Kime âşık olacağımızı ya da bunun ne zaman gerçekleşeceğini asla tahmin edemeyiz. Aşkın hiç beklemediğimiz bir anda sinsice yaklaşıp bizi hazırlıksız yakalamak ve dünyamızı altüst etmek gibi bir huyu vardır. Bir anda ortaya çıkabilir veya zaman içinde yavaş yavaş gelişebilir, ancak nasıl gelişirse gelişsin, aşkın bizi mümkün olduğunu hiç düşünmediğimiz şekillerde değiştirmenin bir yolu vardır.

Aşk rasyonel ya da mantıklı değildir. Bir dizi kuralı takip etmez veya toplumsal normlara bağlı kalmaz. Sınır tanımayan vahşi ve evcilleşmemiş bir duygudur. Aşk bize yapabileceğimizi hiç düşünmediğimiz şeyleri yaptırabilir, bizi varlığımızın sınırlarına kadar zorlayabilir. Bizi cesur ve korkusuz kılabilir, aşk uğruna her şeyi riske atmaya hazır hale getirebilir. Aynı zamanda acı verici ve kalp kırıcı olabilir, bizi savunmasız bırakabilir. Ancak risklere ve belirsizliklere rağmen aşkın peşinden gitmeye devam ederiz çünkü içten içe buna değeceğini biliriz.

Bu yüzden aşkın öngörülemezliğini kucaklayın. İniş çıkışları, dönemeçleri ve dönüşleri kucaklayın. Bilinmeyeni ve belirsizliği kucaklayın. Aşkı uğruna savaşmaya değer kılan budur.

"Bir erkekle evlenmek uzun süredir vitrinde gözünüze takılmış bir şeyi satın almaya benzer. Çok hoşunuza gider ama eve gelir gelmez evdeki hiçbir şeye uymadığını fark edersiniz."

Jean Kerr

Aşk iki kişi arasında asla eşitlenmeyendir.

Ne güzel söylemiş Birhan Keskin. Elbet her çaba bir risk barındırır. Hemen pes edenler ve kolayca hayal kırıklığına uğrayanlar için değildir aşk. Uğrunda riske girilmeye değer nadir tecrübelerdendir. Garantici tavır aşkın doğasında yoktur. Zaten işin özünde karşılıksız vermek vardır. Verdikleri kadarını geri almak için beklentide olanlar aşktan söz edemez. Sevgiyi bir abaküs yardımıyla paylaştıramazsın, hesabını tutamazsın. Her bir canlının eşsiz olduğu bu dünyada ilişkilerde de kısas aramak sadece hayal kırıklığı yaratır.

Gerçek aşk farklılıklardan beslenir ve gelişir. Birini ne kadar sevdiğinizin ölçüsü onun mutluluğunun sizde ne kadar öncelikli olduğu ile ilgilidir. Sevgi birinin mutluluğunu kendi mutluluğumuz içine yerleştirmekle, onun yaşama sevincini kendimizinkiyle harmanlamayla ilgilidir. William Arthur Ward şöyle diyor:

"Her birimiz bir gün yaşama
standardımız ile ölçüleceğiz.
Yaşam standardımızla değil.
Verme ölçümüzle ölçüleceğiz.
Servetimizle değil.
Basit iyiliğimizle ölçüleceğiz.
Görünen büyüklüğümüzle
değil."

Sineye çekmektir bazen aşk. Haklı olduğunuz durumlarda egonuzu bastırabilmek, duygularınıza yenilmemek uzun süreli ilişkiler için önemlidir. Partnerinize gerçek bir aşkla bağlıysanız isteklerinizi ve arzularınızı erteleyebilirsiniz çoğu durumda. Çünkü gerçek aşk haklı olmakla değil mutlu olmakla ilgilenir. Ego tatmini hiç değildir. Bu sevgiyi çıkar için kullananların en iyi bildiği duygudur.

Aşkı zorla elde edilebilen bir tutku olarak görenler her zaman yanılmışlardır. Aşk kovaladıkça kaçar, arzuladıkça kendini gizler. İstediğiniz kadar sözleşmeler yapın, anlaşmalar imzalatın, tehdit edin, aşkı sadece kazanma yoluyla tecrübe edebilirsiniz. Yaşadığımız yıllar sevginin bir iş anlaşması gibi görüldüğü, insanların nesneler durumuna indirgendiği bir döneme denk geldi. Kimse kimseyi görmüyor bile, bırakın dinlemeyi. Hal böyle olunca aynı evde birkaç yabancı gibi yaşıyorsunuz birbirinden bihaber.

Bir arkadaşım eşini, çocuklarını ne kadar çok sevdiğini anlatıyordu. "Günün işten artakalan tüm saatlerinde neredeyse beraberiz, geziyoruz, yiyoruz, içiyoruz, eğleniyoruz..." diyordu.

Amacım elbette kendisini üzmek değildi, bir farkındalık yaratmak adına lafını bitirdikten sonra bir soru sordum.

"Çocuklarının göz rengini biliyor musun?"

İnsan yanı başındakileri net göremiyor çoğu zaman. Halbuki aşkın büyük bir bölümü iletişimdir ve bu sözsüz gerçekleşir. Sözcükler her zaman yanıltır ancak davranışlar ve eylemler daha gerçekçidir. Aşkı görmek bu nedenle biraz farkındalık ve özveri gerektirir.

Aşkın gözü kördür derler. Bu yukarıdaki manada doğrudur. Zamanla partnerler bakarkörler halini alırlar ilişkide. Elbet her ilişkide sorunlar olacaktır. Ancak kimse bir tartışmada kendisini sorunun kendisi olarak görmek istemez. Asıl körlük budur. Sorunu yaratan kişi insanın kendisi olduğu sürece hiçbir ilişkide mutluluğu bulamayacaktır aslında. Bu körlük kusursuz olduğunu düşündürmenin yanında bir de partnerini durmadan sorgulama olarak gösterir kendini.

Âşık olduğumuz kişide zamanla ne çok kusur bulmaya başlarız! Nasıl aşk bu? Birçok insan tanıdım, eşinin huylarını değiştirmek için çabalayan ve daha sonra da eşinin o evlendiği zamanki hallerinden eser olmadığı için veryansın eden...

Nazik bir hatırlatma:

Sana kendini sevgi dilencisi gibi hissettiren
ilişkilerden koşar adım uzaklaş.
Kaybettiğini sandığın herkes kayıp değildir.
Birini sevmek sana zarar veriyorsa
bırak o sevgi içinde kalsın.
Çünkü sevmek her yaraya merhem olmayabilir.
Bazen de en derin yarayı sende açar.

"Sevdiğimiz zaman, aşk o kadar büyüktür ki içimize sığmaz; sevdiğimiz insana doğru yayılır, onda kendisini durduran bir yüzey bulur; bizi gidişten daha fazla büyülemesinin sebebiyse, kendimizden çıktığını fark etmeyişimizdir."

Marcel Proust

Korkunun olduğu yerde sevginin yeşerip büyümesi için yer yoktur.

Sevme eylemi gölün ortasına attığımız bir taş gibi genişleyen daireler şeklinde yayılır. Ancak sevmeye merkezden başlamak gerekir; kendimizden.

Karanlık bir ormanın derinliklerinde, ay ışığının kalın ağaç örtüsünü zar zor delip geçtiği bir kulübede inzivaya çekilmek istedin birçok kez, herkesten, her şeyden uzak. Ama bunun bir çare olmadığını öğrendin zamanla. Duvarlar arasında, korku ve acıdan payına düşeni aldın. Korkunun olduğu yerde sevginin de olmadığını öğrendin. Bu gerçeğin farkına, yıllarca aşkı yanlış yerlerde aradıktan sonra vardın ve kendini kalp kırıklığı ve hayal kırıklığı döngüsüne hapsolmuş bir halde buldun.

Bir zamanlar aşkın her şeyin üstesinden gelebileceğine, her yarayı iyileştirebileceğine ve her engeli aşabileceğine inanmıştın. Ancak zaman geçtikçe, korkunun sevgiyi boğmanın, alevini söndürmenin bir yolu olduğunu anlamaya başladın. Bunu ilk elden, kıskançlık ve güvensizlikle zehirlenmiş, sevginin ihanet ya da terk edilme korkusuyla gölgelendiği ilişkilerde görmüştün.

Teselliyi sessiz yalnızlığında buldun. Rüzgârın fısıltıları ve yaprakların nazik hışırtısıyla çevrelenerek kendini keşfetme yolculuğuna çıktın. Kendi korkularını derinlemesine araştırdın ve sarsılmaz bir cesaretle onlarla yüzleştin. Ve yendiğin her korkuyla birlikte kalbinden bir yükün kalktığını hissettin.

Günler haftalara, haftalar aylara dönüştükçe, kendine karşı sonsuz bir sevgi geliştirmeye başladın. Artık başkalarından onay ya da mutluluk beklemiyordun, çünkü gerçek sevginin kendi içinden geldiğini öğrenmiştin. Bu, korkuyla lekelenmemiş, aksine şefkat, kabullenme ve affetmeye dayanan bir sevgiydi. Korkunun olduğu yerde sevginin yeşerip büyümesi için yer yoktur. Ve böylece, korkudan arınmış bir hayat yaşamak, sevgiyi her haliyle kucaklamak ve asla hak ettiğinden daha azına razı olmamak için kendi kendine bir yemin ettin. Çünkü korku kalbinden kovulduğunda, sevginin hüküm süreceğini biliyordun.

Kendini sevme yolculuğunda bunları deneyimledin ve etrafa yayılmasına fırsat verdin sevginin. İşte o zaman giderek yayılır sevgimiz ve sevabıyla günahıyla sevmeyi becerebiliriz. O zaman âşık olmaktan korkmayız, geçmiş tecrübelerimiz yolumuza engel olarak çıkmaz. Karşımıza sevebileceğimizi düşündüğümüz bir insan çıktığında daha cesur olabiliriz o zaman.

Çocukluk yıllarında hepimiz bisiklet sürmeyi öğrenirken düşe kalka harap olmuşuzdur, yüzmeyi öğrenirken boğulacak gibi olup ağız dolusu su yutmuşuzdur. Bu tehlike anları bize daha temkinli olmayı öğretmiştir, hatta vazgeçmeyi. Yüzebilmenin verdiği haz tehlike korkusunu bastırınca korkunun yerini mutluluk almıştır. Ve artık yüzmeyi, bisiklete binmeyi seversiniz. Çünkü korkunun olmadığı yerde sevgi vardır. Aşk da bundan farklı değildir.

Aşk korkunun olduğu yerde barınamaz. Aşk kusursuzluğun olduğu yerde nefes alamaz. Kusursuz aşkı arayan insan hayal kırıklıkları içinde yaşamaya mecbur kalır. Yapılması gereken şey körlükten kurtulup yanı başındakinin değerini bilmek olmalıdır. Kusursuz aşkı bulmadığı için eşlerinden ayrılıp onlarca ilişki yaşayıp hâlâ aradığını bulamayan tanıdıklarım var. Bu insanlar kendileriyle bile evlense mutlu olamayacak kişiler.

Odağımızı elimizdeki aşkı besleyip yüceltmeye vermek hem korkularımızı yenmeye hem de gözlerimizi açmaya yardımcı olacaktır. Aksi takdirde var olmayan bir aşkı arayarak ömür geçer.

Aldous Huxley'nin çok beğendiğim bir sözü var:

"Herhangi bir formül
ya da yöntem yoktur.
Sevmek severek öğrenilir."

Ve değişmez bir kuraldır:

Neyi verirseniz onu alırsınız.

Neyi umarsanız onu bulursunuz.

"Kıskanç daha çok sever ama
kıskanç olmayan daha iyi sever."
Molière

Kıskançlık kıskacı.

Belki yaşam sizi bekletebilir ama er ya da geç sizi bulur. Olmayan bir şeyi aramak da beyhudedir ancak. Elindekinin farkına varmak o zaman çok değerlidir. Aşkını korumak elzemdir o vakit. Korumak deyince bunu hapsetmek olarak algılar birçoğu. Aşırı kıskanç tutum sebep olur buna. Bu, güvensizlik, endişe ve kontrol kaynaklı bir duygu olabilir ve büyük olasılıkla bir ilişkide negatif sonuçlara yol açar. Aşırı kıskançlığın ilişkilere nasıl zarar verebileceği hakkında birkaç madde:

Güvensizlik: Aşırı kıskançlık, genellikle bir kişinin kendi değerini veya partnerinin sadakatini sorgulamasının bir sonucu olarak ortaya çıkar. Bu güvensizlik duyguları, ilişkide olumsuz bir etkiye yol açabilir.

Baskı: Aşırı kıskanç bir partner, diğer kişinin özgürlüğünü kısıtlayabilir ve sürekli olarak kontrol etme veya hesap sorma ihtiyacı hissedebilir. Bu, diğer kişinin boğulduğunu hissetmesine ve ilişkiden uzaklaşmasına neden olabilir.

İletişim Sorunları: Aşırı kıskançlık, sürekli tartışmalara veya çatışmalara yol açabilir. Bu da ilişkide iletişim sorunlarına neden olabilir.

Partnerin Duygusal Sıkıntısı: Aşırı kıskançlık, partnerin psikolojik sıkıntı yaşamasına yol açabilir. Sürekli bir denetim altında olma duygusu, partnerin mutsuzluğuna veya depresyonuna yol açabilir.

İlişkiyi Zayıflatma: Aşırı kıskançlık, partnerin kendini sıkışmış veya hapsedilmiş hissetmesine neden olabilir, bu da ilişkinin zayıflamasına ve sona ermesine yol açabilir.

Bu soruna çözüm bulabilmek için öncelikle bireylerin kıskançlık duygusunu kabul etmeleri ve bu konuda açıkça konuşmaları önemlidir. Güvensizliklerini ve korkularını partnerleriyle açıkça tartışarak, çözüm bulmak ve daha güçlü bir güven temeli oluşturmak için birlikte çalışabilirler. Kıskançlığın genellikle güvensizliğin bir işareti olduğunu ve ilişkinin sona ermesi veya yeterince iyi hissetmeme korkusundan kaynaklanabileceğini kabul etmek de çok önemlidir. Kıskançlığın temel nedenlerini anlayarak, bireyler güvensizliklerini ele almaya ve daha sağlıklı başa çıkma mekanizmaları geliştirmeye başlayabilirler.

Duyguları yönetmek, bir ilişkide aşırı kıskançlığı tedavi etmenin bir başka önemli yönüdür. Olumsuz duyguları yönetmek ve kıskançlık duygularına katkıda bulunan olumsuz düşüncelere meydan okumak için çalışmak önemlidir. Derin nefes egzersizleri veya farkındalık teknikleri gibi başa çıkma becerileri geliştirmek, bireylerin duygularını düzenlemelerine ve kıskançlık duygularının yoğunluğunu azaltmalarına yardımcı olabilir. Kişinin kendi iyiliğine ve özsaygısına odaklanmak için zaman ayırması da kıskançlık duygularının azaltılmasına katkıda bulunabilir.

Etkili iletişim her zaman olduğu gibi, bir ilişkide kıskançlığın ele alınmasında kilit öneme sahiptir. Kişinin duyguları ve korkuları hakkında partnerine karşı açık ve dürüst olması, anlayış ve empatiyi geliştirebilir. Dürüst ve sağlıklı iletişim, her iki partnerin de ihtiyaçlarını, endişelerini ve beklentilerini ifade etmesine olanak tanıyarak kıskançlık duygularını ele almak için güvenli bir alan yaratır. Bu konuşmalara empati, aktif dinleme ve bir çözüm için birlikte çalışma isteğiyle yaklaşmak önemlidir.

Bazı durumlarda, terapi veya profesyonel yardım almak aşırı kıskançlığın tedavisinde faydalı olabilir. Bir terapist, kıskançlığın altında yatan nedenleri keşfetme ve bunu yönetmek için etkili stratejiler geliştirme konusunda rehberlik ve destek sağlayabilir. Terapi ayrıca çiftlerin iletişim becerilerini geliştirmelerine ve daha güçlü bir güven temeli oluşturmalarına yardımcı olabilir.

Bir insan üzerinde hâkimiyet kurmak yaratılışın doğası gereği mümkün de değildir, arzulanan bir şey de. Böyle insanlar sevgisinin büyüklüğüyle övünse de bu sorunsal bir davranıştır. Aşkları "Sen benim her şeyimsin", "Sensiz olamam", "Sensiz yaşayamam" gibi cümlelerle başlayan partnerlerin ilişkilerinin sonları genellikle hüsranla biter. Sevgi paylaşıldıkça azalabilen, kalitesi düşen bir eylem değildir. Ancak her birey partnerinin başkalarını hatta başka bir şeyleri sevebilme ihtimalini ya da birileri tarafından sevilebilme ihtimallerini tehdit olarak görür. Bunu itiraf edemezler. Eşlerinin farklı meşgalelerinin de olabileceği ihtimali rahatsız edicidir.

Neredeyse buluşamadıkları her akşam saatlerce telefonda konuşan, mesajlaşan iki sevgiliyi düşünelim. Örneğin Semih her akşam 9-10 gibi Sena'yı arıyor olsun. Saat sekiz buçukta Sena mental olarak hazırlanmaya başlar. Çeyrek kala gözünü ekrandan ayırmamaya başlar. Dokuzu beş geçe kaygılanmaya başlar. 10 gibi hayal kırıklığı yerleşmiştir yüreğine, 11'de Semih gece kulübünde kızlarla eğlenmeye başlamıştır ona göre. Tüm geceyi uykusuz geçiren Sena'ya sabah bir mesaj gelir sonra: "Aşkım kusura bakma, film izlerken uyuyakalmışım."

Kıskançlık en çok da insanın kendisine zarar verir. Yukarıdaki senaryoda Semih ister gerçekten uyumuş olsun, ister kaçamak yapmış olsun, zararlı çıkan ilk kişi kıskanç taraf olur. Aksine birçok alternatif vardır aslında yapabileceği Sena'nın. Semih'i arayıp sorabilir, kız arkadaşlarıyla spontane bir buluşma ayarlayabilir, mısır patlatıp ailesiyle sinema gecesi yapabilir vb. İnsanlar çoğu zaman çözümü bulamadıklarından değil, sorunu göremediklerinden kıskanırlar. Ve sorun altında ezilmek aslında biraz da hoşlarına gider.

Aşırı kıskançlık ve aşk, ölümcül bir kombinasyondur! Acı sosla dondurmayı karıştırmak gibi, sonunun iyi olmayacağını bilirsiniz. Aşk insanlara çılgınca şeyler yaptırabilir ve kıskançlık bunu yepyeni bir seviyeye taşır. Sanki biri tamamen normal bir ilişkiyi almış ve karışıma bir tutam delilik eklemiş gibi.

Partnerinizin her hareketinden şüphelenmeye başlayacak kadar kıskanç olduğunuzu hayal edin. Sherlock Holmes'e dönüşüyor, herhangi bir sadakatsizlik ipucunu ortaya çıkarmaya çalışıyorsunuz. Metin mesajlarını analiz etmeye, sosyal medya profillerini takip etmeye ve hatta diğer insanlarla olan masum etkileşimlerini sorgulamaya başlıyorsunuz. Sanki Kıskançlık Bürosu'nun yıldız dedektifi haline gelmişsinizdir ve her zaman en kötü korkularınızı doğrulayabilecek herhangi bir kanıt arayışı içindesinizdir.

Ama işin komik tarafı, kıskançlık çoğu zaman sadece hayal gücümüzün bir ürünüdür. Kafamızda bu ayrıntılı senaryoları yaratır, partnerimizin temas ettiği her kişiyle bizi aldattığını hayal ederiz. Sanki profesyonel senaristlere dönüşmüşüzdür ve elimizde hiçbir kanıt olmadan en dramatik aşk üçgeni hikâyelerini yazmaya başlarız. Yine de kendi çarpık öykülerimize inanmaktan kendimizi alamayız.

Aşırı kıskançlık ve aşk, en aklı başında insanı bile tam bir deliye dönüştürebilir. Birdenbire kendinizi her beş dakikada bir partnerinizin nerede olduğunu sorgularken bulursunuz. Bir özel dedektif gibi onu takip etmeye başlar, iyi bir şey yapmadığına ikna olursunuz. Ve sürekli güvence ihtiyacını da unutmayalım – "Beni seviyor musun? Emin misin? Serçeparmağınla yemin edebilir misin?"

Ancak aşırı kıskançlık ve aşkın getirdiği tüm çılgınlıklara rağmen, bunun tuhaf bir şekilde sevimli bir yanı da vardır. Birini ne kadar önemsediğimizi ve ilişkiye ne kadar derinden yatırım yaptığımızı gösterir. Belki de aşk ve delilik arasında ince bir çizgi vardır ve bazen deliliği kucaklamakta bir sakınca yoktur. Ne de olsa, biraz çılgın aşk olmadan hayat oldukça sıkıcı olurdu.

"Hiçbir şeyi, kendimi erkeklere beğendirmek için öğrenmedim. Hiçbir zaman erkeklerin önünde kızarmadım ve onlardan bir iltifat beklemedim. Bu hal beni müthiş bir yalnızlığa mahkûm etti."

Sabahattin Ali, *Kürk Mantolu Madonna*

En güzel iltifat birinin sizi gerçekten anlamasıdır.

Jack Nicholson'ın Oscar ödüllü *Benden Bu Kadar* (As Good As It Gets) filmini izleyenler hatırlayacaktır. Obsesif kompulsif bir adam olan Melvin, bir kadına "Bu restorana girmek için bana yüzlerce dolar harcatıp takım elbise aldırdılar, seni ise basit kıyafetlerinle içeri aldılar..." benzeri kırıcı bir cümle kuruyor. Kadın da bunun üzerine "Bana bir kompliman borçlusun..." diyor ve aralarında şu diyalog geçiyor:

"On yedi yıldır obsesif kompulsif davranış bozukluğum var. Doktorum her ay 110 kapsül ilaç veriyor ama hiçbirini kullanmıyorum. Seninle tanıştıktan sonra kullanmaya başladım."

"Ne! Bunun nesi iltifat be!"

"Sen, benim daha iyi bir insan olmayı istememe sebep oluyorsun."

Bana sorarsanız ilk bakışta Melvin odun bir adammış gibi görünse de sondaki kompliman ile gönülleri kazanıyor.

David Beckham ikinci çocuğuna sahip olduğunda basın toplantısı sırasında bir gazetecinin şu sorusuyla karşı karşıya kalıyor:

"David, çocuğunuz kime benziyor?"

"Gözleri, burnu, dudakları tam anlamı ile kusursuz. Tıpkı annesininkiler gibi."

Özellikle bazı erkekler itici bulacak yukarıdaki satırları ancak iltifat aşkı alevlendiren en kolay yollardandır. İltifat genellikle erkekler tarafından yapılmalı gibi sabit bir görüş vardır ne yazık ki. Böyle sabit bir kalıbın içine sokulamayacağı gibi, o an doğal ve samimi gelen neyse o olabilir yerinde bir iltifat. Klişeler bazen rahatsız edici olabilir elbette. Fredrik Hermansson'un dediği "There is no best, only different" iltifat için de geçerlidir. En iyisi yoktur, onu güzel kılan biraz da farklılığı olacaktır.

İlişkinizde kompliman yapmak, partnerinizi değerli ve sevgi dolu hissettirmenin harika bir yoludur. Eşinize kompliman yaparken:

Samimi ve İçten Olun: Komplimanlarınız samimi ve içten olsun. Duygularınızı açıkça ifade edin ve gerçekten ne hissettiğinizi gösterin.

Özgün ve Kişiselleştirilmiş Olun: Partnerinize özel ve kişisel komplimanlar yapmaya çalışın. Onun hangi özelliklerini veya davranışlarını takdir ettiğinizi belirtin.

Sık Sık Yapın: Tek bir kompliman yerine sürekli olarak takdir ifadeleri kullanmak, eşinizin kendini değerli hissetmesine yardımcı olabilir.

Günlük İşlerle İlgili: Günlük yaşamda yapılan işler ve destekler hakkında komplimanlar yaparak partnerinize değer verdiğinizi gösterin. Örneğin, "Bugün yemek harikaydı, teşekkür ederim..." demek bile basit bir kompliman olabilir.

Görünüş ve Tarz: Partnerinizin görünümünü ve tarzını takdir edin. Ona fiziksel görünümü, giyim tarzı veya saçı hakkında güzel şeyler söyleyin.

Geçmişteki Hatıralara Vurgu Yapın: Güzel anıları hatırlatarak eşinize komplimanlar yapabilirsiniz. "Hatırlıyor musun, tatilimiz o kadar harikaydı ki seninle..." gibi bir cümle kullanabilirsiniz.

Eşit Paylaşım: İyi bir ilişkide, komplimanlar dengeli bir şekilde paylaşılır. Sadece partnerinizin sizinle ilgili olumlu şeyler söylemesini beklemeden, siz de ona komplimanlar yapın.

İhtiyaç Duyduğunuzda: Partneriniz sizi desteklediğinde veya moral verdiğinde, bu zamanlarda ona teşekkür etmek ve kompliman yapmak, ilişkinizi daha güçlü kılabilir.

Her insanın sendelediği zamanlarda kendisine destek verecek bu tarz iltifatlara ve sevgi sözcüklerine ihtiyacı vardır. Birçok insan bu satırları okurken, "Ne var yahu bunda, çok basit..." diyecektir. İşin aslı asla öyle değildir ama.

Hayattaki en büyük çelişkilerden bir tanesi şudur çünkü: En çok sevdiğimizi en çok incitiriz. Bu nedenle çok kolay dediğimiz bu komplimanlar unutulur gider. Öyle zamanlar gelir ki hatta sevdiğimiz kişiye kendimize yüklediğimiz standartlardan çok daha fazlasını dayatmaya çalışırız. Aldıkları kararları sorgularız, her hareketinden kuşku duyarız. Onu belli kategorilere yerleştirmeye çabalarız. Eleştiri yapıcı olmaktan çok yıkıcı bir hal almaya başladığında ilişki zedelenmeye başlar. Siz farkında olmadan aşkı öldürürsünüz, çünkü sevdiğiniz kişiyi zaten bir başkası haline getirmeye çalışarak onu öldürmüş olursunuz. Ve sonunda yine de o nankör olur. Bu kadar sevgiye, komplimana, özveriye rağmen neden olmuyor dersiniz kendi kendinize. Şöyle düşünürsünüz eşiniz hakkında hatta:

"Nankör insan gözbebeği gibiymiş, üzerine ne kadar ışık düşerse o kadar küçülürmüş."

Durumun nankörlük ile bir alakası yoktur aslında. Sen sevdiğini kendi ellerinle öldürürsün. Daha iyi olsun istediğin şey, istemsiz bir şekilde kördüğüm olmuştur. G. T. Smith şöyle diyor:

> *"İnsanlara oldukları gibi davranırsak, onlar da oldukları gibi kalacaklardır. Ama onlara olabilecekleri gibi davranabilirsek kendilerini aşabileceklerdir."*

Partnerimize bu seviyede katkı sağlayabilmek için yapıcı eleştiri şarttır. Bunu ise ilk adımda farklılıkları kabul ederek gerçekleştirebiliriz. İlişkinizdeki farklılıklara rağmen değil, onlar nedeniyle eşinizi sevebilirseniz uzun soluklu bir aşka da kapıyı aralamış olursunuz.

Partnerimizin makul ölçüler içerisinde değişebilmesini istemek, daha doğrusu gelişimini ummak ilişki dinamikleri için gereklidir. Çünkü aşkınızı canlı tutmak bir çaba gerektirir. Ancak iki farklı ihtimalle karşı karşıya kalacağınızı bilmeniz gerekir.

Cahit Zarifoğlu diyor ya hani:

> *"Onca sevgiye rağmen kalbi filizlenmemişse, toprağı sen değilsindir."*

Bu vazgeçebilmenin eşiği olabilir. Bir de diğer ihtimal vardır ki ben biraz daha bundan yanayım. Leo Buscaglia özetliyor:

> *"En sağlıklı bazı bitkilerimi koruyabilmemin tek nedeni, çok uzun zaman önce onların gelişmelerini istediğim takdirde kendi doğalarına göre yaşamalarına izin vermem olduğunu anlamış olmamdır. Bazılarının titiz bir bakım sonunda sabırla uzun zaman bekleyip de tam pes ettiğim sırada, benim değil kendilerinin hazır olduğu zaman açtıklarını görmüşümdür. Onlar sadece kendi vakitlerini bekliyorlardı."*

Nazik bir hatırlatma:

Sevgilim,

Yeniden delirmekte olduğumdan şüphem yok: Böyle korkunç bir dönemi bir kez daha kaldıramayacağımızı hissediyorum. Aynı zamanda, bu kez toparlanmayı başaramayacağımı da seziyorum. Yeniden sesler işitmeye başladım ve dikkatimi toplayamıyorum.

Bu durumda bana en doğru görünen şeyi yapıyorum. Bana olabilecek en büyük mutluluğu yaşattın. Benim için başka kimsenin olamayacağı insan oldun. İki varlığın bu korkunç hastalık gelene kadar olduğumuzdan daha mutlu olabileceğini sanmıyorum. Daha fazla mücadele edemeyeceğim. Senin hayatını da ziyan ettiğimi biliyorum. Ben olmasam çalışabilirdin. Çalışacaksın da, biliyorum.

Görüyorsun, doğru dürüst yazmayı bile başaramıyorum. Okuyamıyorum. Söylemek istediğim, hayattaki tüm mutluluğumu sana borçlu olduğum. Bana karşı her zaman tam bir sabır timsali oldun ve inanılmaz iyiydin. Sana bunları söylememe gerek yok – herkes biliyor zaten.

Beni kurtarabilecek biri olsaydı, o sen olurdun. Hiçbir şeyden senin iyiliğinden olduğu kadar emin olmadım. Hayatını ziyan etmeye daha fazla devam edemem. Kimselerin bizden daha mutlu olabileceğini sanmıyorum.

V.[3]

3. Virginia Woolf'un eşine veda mektubu. (Fransızcadan çeviren: Birsel Uzma)

Sınır belirlemek saygısızlığa verilebilecek en etkili cevaptır. Varlığınızın kıymetini bilmeyenleri yokluğunuzla terbiye etmiş olursunuz.

Aşk egzersiz haline geldiğinde: İlişkinize çok fazla çaba sarf ettiğinizin işaretleri.

Gillian Flynn'in *Kayıp Kız*'ında çok güzel bir pasaj var:

> *"Evlilik, fedakârlık ve çaba gerektirir, sonrasında daha çok çaba, iletişim ve fedakârlık gerektirir. Sonra daha çok çaba..."*

Size biraz alakasız bir şeyden bahsedeyim. Guguk kuşunun bir kuluçka paraziti olduğunu biliyor muydunuz? Bu, kuş dünyasındaki beleşçilerin başı oldukları anlamına gelir. Bu sinsi kuşlar kendi yavrularıyla ilgilenmek yerine yumurtalarını diğer kuş türlerinin yuvalarına bırakır ve tüm zor işi onların yapmasına izin verir. Tembel ebeveynlikten bahsediyoruz! Ama guguk kuşunu kendi yavrularını büyütme sorumluluğundan kaçmaya çalıştığı için suçlayamazsınız. Yani, başka bir kuşu bunu sizin yerinize yapması için kandırmak varken kim tüm o besleme ve büyütme işleriyle uğraşmak ister ki? Yerleşik bir bebek bakıcısına sahip olmak gibi, ama onlara ödeme yapmak zorunda kalmadan. Ve bu parazit davranışı sergileyenler sadece guguk kuşları değil. Bu numarayı yapan başka kuşlar, balıklar ve hatta böcekler de var. Dışarıda koca bir beleşçi dünyası var.

Asıl konu bu bedavacı kuş değil. Guguk kuşları yumurtalarını genellikle drongo kuşlarının yuvalarına gizlice bırakıyorlar. Yavru guguk kuşları bu kuşların yavrularından daha önce yumurtadan çıkıyorlar. Drongo yavrularından daha gelişmiş olduklarından dolayı yuvada hâkimiyet kuruyorlar.

Anne kuş yavruları beslemek için her ayrılışında yavru guguk kuşu bir yavru drongo kuşunu yuvadan aşağı atar. Ta ki yuvada kendisi tek yavru olana kadar bu işlem sürer. Hatta bu yavrular çoğunlukla yumurtadan bile çıkmamış olurlar. Aslında anne bunu fark eder ama konduramaz. Belki de bile bile beslemeye devam eder yavru guguk kuşunu. Sinsi kuşumuz zamanı gelip de üvey annesinden daha iri ve kuvvetli hale gelince yuvayı dağıtır ve arkasına bile bakmadan uçup gider oradan. Fedakârlık üzerine kurulan ilişkileri biraz bu olaya benzetiyorum. Drongo kuşunun sevgiden ötürü kör olan gözleri gibi âşık olan insan da bazı şeyler apaçık ortada olsa bile kendini feda etmeye devam eder.

Çoğumuz ilişki sırasında kendimizi unutup, tüm hayatımızı birlikte olduğumuz insana adayabiliyoruz. İlişkilerinizde gereğinden fazla çaba sarf ettiğiniz konusunda şüpheleriniz var mı sizin de? Size hiç de uymayan bazı kötü davranışlarına mantıklı açıklamalar getirip onları kabulleniyor musunuz? Karşıdakinin sevgisini hak etmek için devamlı bir şeyler yapmanız gerektiğini düşünüyor musunuz? Ya da onun için o kadar çok vakit ve enerji harcıyorsunuz ki bu durum içten içe kendinize kızmanıza sebep oluyor mu? Bu sorular kafanızda dönüp duruyorsa yolunda gitmeyen bir şeyler var demektir ilişkinizde.

Bir ilişkiyi sürdürmek, çoğu zaman çaba gerektirebilir. Aşkın etrafında dönen bir dünya yaratmak, bazen eğlenceli, bazen de yorucu olabilir. Ancak bazı çiftler vardır ki ilişkilerinde çok fazla çaba sarf ederler. Bu durumda, aşk egzersiz haline gelir ve ilişkiyi biraz komik bir hale sokar. İşte, ilişkinize çok fazla çaba sarf ettiğinizin bazı işaretleri:

Her Zaman Detaylı Tarihler ve Etkinlikler Planlarsınız

İlişkinizde aşırı çaba sarf ettiğinizin ilk işareti, her zaman detaylı tarihler ve etkinlikler planlamanızdır. Bir akşam yemeği için sadece bir restorana gitmek yerine, mönüyü saatlerce incelersiniz. Sonra da romantik bir atmosfer yaratmak için mumlarla süslenmiş bir masa düzenlersiniz. İşin garibi, bu tür detaylara o kadar fazla odaklanmış olursunuz ki asıl amaç olan eğlenmeyi unutursunuz.

Ayrıca, tarihlerinizi etkinliklerle süslersiniz. Belki de bir piknik için saatlerce hazırlık yapar, şirin bir piknik sepeti hazırlarsınız. Ya da bir sinema gecesi düzenlemek için en sevdiğiniz romantik komedileri araştırırsınız. Etkinliklerinizi planlarken, kendinizi bir etkinlik organizatörü gibi hissedebilirsiniz. Üstelik bu çaba partnerinizin çok da umurunda olmaz. Ancak unutmayın, bazen en basit planlar bile en keyifli anıları yaratabilir.

Sosyal Medyanız Çift Fotoğrafları ve Aşk Reklamlarıyla Doludur

İlişkinize çok fazla çaba sarf ettiğinizin bir başka komik işareti, sosyal medya hesaplarınızın çift fotoğrafları ve aşk reklamlarıyla dolu olmasıdır. Her tatilde, her özel gününüzde veya sıradan bir hafta sonunda bile, sürekli olarak romantik fotoğraflar paylaşırsınız. İlişkinizin her anını sosyal medya takipçilerinizle paylaşmak için elinizden geleni yaparsınız.

Buna ek olarak, sosyal medya hesaplarınızda aşk reklamlarına da sık sık rastlarsınız. Romantik restoranlar, tatil paketleri, hediye fikirleri... Tüm bunlar, ilişkinize olan aşkınızı ve çabanızı göstermenin bir yolu gibi görünür. Ancak unutmayın, gerçek aşk ve çaba, sosyal medyada paylaşılan fotoğraflardan veya reklamlardan daha fazlasıdır.

Sürekli Olarak Onay ve Geçerlilik Ararsınız

İlişkinizde çok fazla çaba sarf ettiğinizin bir başka işareti, sürekli olarak partnerinizden onay ve geçerlilik aramanızdır. Her yaptığınızı ve söylediğinizi partnerinizin beğenip beğenmediğini sürekli olarak kontrol edersiniz. "Bu elbise beni daha mı çekici gösterir?" veya "Bu şaka gerçekten komik miydi?" gibi soruları sık sık sorarsınız.

Ayrıca, partnerinizin size olan aşkını ve ilgisini sürekli olarak doğrulamasını beklersiniz. Onunla konuştuğunuzda sürekli olarak "Seni seviyorum..." demesini istersiniz. Onun size olan aşkını göstermesi için sürekli olarak çaba sarf edersiniz. Ancak unutmayın, gerçek aşk, sürekli onay ve geçerlilik aramaktan daha fazlasını gerektirir.

Kişisel İlgi ve Hobilerinizi İlişkiniz İçin Feda Edersiniz

İlişkinize çok fazla çaba sarf ettiğinizin bir başka komik işareti, kişisel ilgi ve hobilerinizi ilişkiniz için feda etmenizdir. Önceden sevdiğiniz aktiviteleri yapmak yerine, partnerinizin ilgi alanlarına odaklanırsınız. Belki de futbol maçlarını sevmezsiniz, ama partnerinizin en sevdiği takımın maçlarını izlemek için kendinizi zorlarsınız.

Ayrıca, hobilerinizden vazgeçip ilişkiniz için daha fazla zaman ayırabilirsiniz. Belki de resim yapmak veya yazmak gibi bir hobiniz vardır, ancak ilişkinizdeki çabalarınız nedeniyle bu hobileri ihmal edersiniz. Kendinizi tamamen ilişkinize adadığınızda, zamanla kişisel kimliğinizi kaybedebilirsiniz. Unutmayın, sağlıklı bir ilişki, her iki partnerin de bireysel ilgi ve hobilerine zaman ayırmasını gerektirir.

Mükemmel Bir İlişkiyi Sürdürmeye Çalışmaktan Yorgun Düşersiniz

İlişkinize çok fazla çaba sarf ettiğinizin son işareti, mükemmel bir ilişkiyi sürdürmeye çalışmaktan yorgun düşmenizdir. Her zaman mükemmel bir partner olmak için uğraşırsınız. Onun isteklerini, ihtiyaçlarını ve beklentilerini karşılamak için elinizden gelenin en iyisini yaparsınız. Ancak bu çaba, zamanla yorucu hale gelebilir.

Mükemmel bir ilişkiyi sürdürmeye çalışmak, sürekli olarak kendinizi geliştirmeniz ve değiştirmeniz gerektiği anlamına gelmez. Unutmayın, herkes hatalıdır ve mükemmel olmak imkânsızdır. İlişkinizi daha hafif bir şekilde kucaklamak için, bazen hatalarınızı kabul etmek ve kusurlarınıza gülmek önemlidir.

"Aşk mesafe yüzünden ölmez,
şüphe yüzünden ölür."
Elif Şafak

Aşkta hasat zamanı yoktur.

Yorgo ile Eleni evlenip de cicim ayları bittikten sonra Yorgo; eve gelip koltuğuna kurulur kurulmaz gazeteyi yüzüne çekip Eleni'yle hiç ilgilenmez olmuş. Günlerden bir gün Eleni, Yorgo'dan ilgi beklentisiyle:

"Bre Yorgo! Mutfakın penceresi bozuldu. Yaparsin?" diye sormuş.

Yorgo, gazeteyi yüzünden indirmiş, gayet sinirli bir şekilde:

"İlahi Eleni, ben pencereci?" demiş.

Ertesi gün Eleni yine ilgi görmek umuduyla sormuş:

"Bre Yorgo, mutfakın musluğu bozuldu, yaparsin?"

Yorgo:

"İlahi Eleni, ben muslukçi?"

Bir sonraki gün:

"Bre Yorgo, tuvaletin sifonu bozuldu, yaparsin?"

"İlahi Eleni, ben tamirçi?"

Ertesi gün eve gelen Yorgo bir bakar ki her şey tamir edilmiş.

"Kuzum Eleni, bunları sen yaptin?"

Eleni:

"Hayir! Komşumuz Yannis'e rica etmişim, o yapmiş."

Yorgo:

"O çikarci herif bunların karşılığında ne istedi peki?"

Eleni:

"Ya bana bir pasta yaparsin ya da birlikte yatacagiz!"

Yorgo merak içinde sormuş:

"Pastasını yaptin, değil?"

Eleni:

"İlahi Yorgo, ben pastaci?"

Kimi zaman da sevdiklerimize en iyi hizmet sadece yanı başlarında olmak, sessiz olmak, sabırlı olmak, umutlu ve anlayışlı olmak ve beklemektir. Ancak Agop kadar abartmamak, Eleni'yi çıldırtmamak ve denge kurmak da önemlidir elbet. Burada kritik husus şudur: Bekleyiş içine girmeden beklemek.

Aşkına karşılık bekleyenlerin bu alışverişten tek kazanımı hayal kırıklığı olur çünkü. Kimse aşk konusunda uzman değil. Aslına bakarsanız birçok durumda kesin yanıt bulunamaz. Ama önemli olan yanıtlardan ziyade yolculuğun kendisidir. Aşk yolculuğundaki inanmışlıktır deneyimlenmesi gereken. Zaten insan birçok şeye inanarak nefes almaya devam eder, sorgulayarak değil. Aşk da böyledir. Sevildiğini hisseden kişi bunu hep sorgulamak gereği hisseder. Gerçekten seviyor mu, ne kadar seviyor vb...

Her şey hakkında bir şeyler bilebilmek mümkün olabilir, ancak bir şey hakkında her şeyi bilmek kulağa hoş gelse de imkânsızdır. Hele ki konu aşk olunca, duygular işin içine girince durum daha da karmaşık bir hal alır. Bu nedenle sevildiğini sorgulamak yerine durumun kendisinden haz almak daha önemlidir. Sevgi dolu bir davranışın az çok ne olduğu herkes tarafından hissedilir. Sorgulamak yerine karşılık vermek daha verimli bir yol olacaktır. İlişkiler özveri ister, ekilip, büyümesi için itinayla bakılan bitkiler gibi. Ancak aşkta hasat zamanı yoktur. Aşk tohumunun devamlı ekilmesi gerekir uzun soluklu bir ilişki için.

Aşkı deneyimlemek bir yaşam biçimidir, yaşam hüneri değil. Geçenlerde bir arkadaşım eşinin aşırı ilgisi nedeniyle boşandıklarını söylemişti bana. Kulağa ilk anda itici geliyor. Allah'tan belasını mı istiyor diye düşünebilirsiniz. Kendisine, en önemli etken neydi bu kararı almanda diye sorduğumda "Kendimle baş başa kalmaya hiç fırsatım yoktu..." cevabını vermişti. Eşi, yalnız kalma isteğini büyük bir tehlike olarak görüyordu muhtemelen ilişkisi adına. Adamcağızın kendisi için geçirmek istediği zamanı, eşi kendinden çalınan bir zamanmış gibi hissediyordu. Evet, âşıklar hep yan yana olmak ister, ancak sevgimizin dozu ne olursa olsun eşimizden ayrı geçirecek bir zaman dilimi bulmalıyız. Aşk birlikte büyümektir. Bunun için de her bireyin ayrı ayrı büyüyebilme fırsatı olmalıdır.

Halil Cibran'ın evliliğe dair satırlarını okumuştum. Sizinle de paylaşmak istiyorum:

"Sonra El Mitra tekrar konuştu ve dedi ki:

- Ya evlilik üstadım?

Ve o şöyle yanıt verdi:

- Birlikte doğdunuz ve sonsuza kadar birlikte olacaksınız. Ölümün ak kanatları ömrünüzü savurduğunda birlikte olacaksınız. Evet, Tanrı'nın sessiz belleğinde bile birlikte olacaksınız. Fakat mesafeler bırakın birlikteliğinizde. Ve bırakın göklerin rüzgârları dans etsin aranızda.

Birbirinizi sevin fakat aşkı pranga eylemeyin: Bırakın ruhlarınızın kıyıları arasında dalgalanan bir deniz olsun aşk. Birbirinizin tasını doldurun ama aynı tastan içmeyin. Birbirinize ekmeğinizden verin ama aynı somundan yemeyin Şarkı söyleyin ve dans edin birlikte ve eğlenin, fakat birer başınıza olun ikiniz de. Aynı müzikle titreseler de ayrı ayrı duran telleri gibi lavtanın.

Yüreklerinizi verin fakat teslim etmeyin birbirinizin eline Çünkü bir tek hayat avucunda tutabilir yüreklerinizi ve birlikte durun ama yapışmayın birbirinize, çünkü ayrı durur tapınağın sütunları be birbirinin gölgesinde büyümez meşeyle servi."

Düşünsenize, özünde duygusal bir ilişkiye yelken açmak ne kadar risklerle doludur. İki yabancı insan buluşuyor ve ömür boyu bağlı kalınacağına dair yeminler veriliyor. İki taraf da Pandora'nın kutusu gibi, her birinin farklı geçmişleri, anıları, yaraları, yaşanmışlıkları var. Korkuları, hayal kırıklıkları var. Geleceğe dair çok farklı planları var. Yaşam ile baş etmek için herkesin kendine özgü savunma mekanizması var.

Bu nedenle bir evlilikte sadece eşinizle olan ilişkinize değil, aynı zamanda kendi kişisel esenliğinize de öncelik vermeniz önemlidir. Evlilik bağlamında kendinize zaman ayırmak, bireysel ihtiyaçlarınız ile ortaklığın ihtiyaçları arasında sağlıklı bir denge kurmak için gereklidir. Bu, yeniden şarj olmanıza, kendi ilgi alanlarınızın peşinden gitmenize ve ilişki dışında kimliğinizi korumanıza olanak tanır.

Evlilikte kendinize zaman ayırmanın bir yolu da net sınırlar belirlemek ve ihtiyaçlarınızı eşinize iletmektir. Kişisel zaman ve alan isteğinizi açıkça tartışarak, bireysel ihtiyaçların nasıl önceliklendirileceği konusunda karşılıklı bir anlayış ve anlaşma yaratabilirsiniz. Bu, her hafta size neşe ve tatmin getiren faaliyetlerde bulunabileceğiniz belirli saatleri veya günleri bir kenara ayırmayı içerebilir.

Kendinize zaman ayırmanın bir diğer önemli yönü de sorumlulukları devretmeyi öğrenmektir. Günlük ev işleri, ebeveynlik ve iş yükümlülüklerine kapılıp kişisel uğraşlara çok az zaman ayırmak kolaydır. Görevleri bölüşmek ve üstesinden gelmek için eşinizle birlikte çalışarak, her ikinizin de kendinize odaklanması için zaman kazanabilirsiniz. Bu, bazı ev işlerinin dışarıya yaptırılmasını veya aile ya da arkadaşlardan destek alınmasını içerebilir.

Ayrıca, evlilik içinde kaliteli yalnız zaman ayırmak çok önemlidir. Bu, kendi başınıza yürüyüşe çıkmak, kitap okumak veya size keyif veren bir hobiyle uğraşmak kadar basit olabilir. Düzenli olarak ruhunuzu besleyen faaliyetlerde bulunarak, ilişkinizde tam olarak var olduğunuzu ve ilişkiye dahil olduğunuzu daha iyi gösterebilirsiniz.

Sonuç olarak, bir ilişkide kendinize zaman ayırmak bencillik değil, aksine sağlıklı bir ortaklığı sürdürmenin temel bir bileşenidir. Sınırlar belirleyerek, sorumlulukları devrederek ve kaliteli yalnız zaman ayırarak hem bireysel ihtiyaçlarınızın hem de ilişkinin ihtiyaçlarının karşılanmasını sağlayabilirsiniz. Unutmayın ki kendinize iyi bakmanız, evlilikte kendinizin en iyi versiyonu olarak ortaya çıkmanızı sağlar.

"Böylesi bir hızla âşık olunuyorsa, bunun nedeni belki âşık olma arzusunun, âşık olunan kişiden önce gelmesidir."

Alain de Botton, *Aşk Üzerine*

Aşk bir kaktüs gibidir.

Aşk, sınır tanımayan ve özgürlük ortamında gelişen güçlü bir duygudur. Toplumsal normlardan ve beklentilerden kurtulmaya çalıştığı için zapt edilemeyen veya kontrol edilemeyen bir güçtür. Gerçek aşk özgürlüğü sever çünkü bireylerin kendilerini tam ve özgün bir şekilde ifade edebildikleri bir ortamda gelişir. Kısıtlamaların ve sınırlamaların yokluğunda sevgi gerçekten çiçek açabilir ve tam potansiyeline ulaşabilir.

Bu manada gerçek aşk bir kaktüs gibidir. Evet, doğru duydunuz. Dikenlidir, öngörülemez ve sizi biraz ağrılı hissettirebilir. Tıpkı bir kaktüs gibi, aşk da her zaman pek çok insana ilham vermeyebilir veya etrafındaki diğer ilişkileri gölgede bırakabilir. Ancak tıpkı bir kaktüsün köklerinin derinlere uzanması gibi, dostluk ve sevgi bağları da derinlere uzanır. Gösterişli ya da dikkat çekici olmayabilirler ama güçlüdürler ve yaşamlarımızda istikrar sağlarlar.

Tıpkı bir kaktüsün bakımı gibi, sevgi de çaba ve dikkat gerektirir. Sürekli beslemenizi ya da onunla oynamanızı hatırlatan bir kediniz ya da köpeğiniz olması gibi değildir. Sevgi orada öylece oturur, kibarca bakımınızı ve beslenmenizi talep eder. Ve tıpkı bir kaktüsün doğru miktarda suya ihtiyaç duyması gibi, çok fazla veya çok az su zararlı olabilir. Sevgi, tıpkı bir kaktüsü sulamak gibi, çok fazla vermek ile yeterince vermemek arasındaki dengeyi bulmayı gerektirir.

Ancak bazen, en iyi çabalarımıza rağmen, aşk yine de garip kırışıklıklar geliştirebilir. Tıpkı bir kaktüsü fazla suladığımızda solmaya veya şeklini kaybetmeye başlaması gibi, aşk da çok fazla çabaladığımızda veya onu ihmal ettiğimizde parlaklığını kaybedebilir.

Kendinizi aşkın dikenli dünyasında bulduğunuzda, tıpkı bir kaktüs gibi doğru dengede bakım ve ilgi gerektirdiğini unutmayın. Ve eğer işler yolunda gitmezse, endişelenmeyin. Tıpkı Arizona Çölü'ndeki kaktüslerin yiyecek, su ve barınak sağlaması gibi, aşk da eninde sonunda bize büyüme ve güç sağlayacaktır.

Sevgiye büyüme özgürlüğü verildiğinde, yaşamları değiştirebilen ve insanları bir araya getirebilen dönüştürücü bir güç haline gelir. Boşlukları doldurma, engelleri yıkma ve farklı geçmişlerden ve kültürlerden gelen bireyleri birleştirme gücüne sahiptir. Sevgi çeşitliliği kucaklar ve her bireyin benzersizliğini kutlar, çünkü gerçek sevginin sınır tanımadığını kabul eder.

Özgürlük, sevginin gelişmesi için gereklidir çünkü bireylerin kendi arzu ve tutkularına dayalı seçimler ve kararlar almalarına olanak tanır. Sevgi zorlanamaz veya dayatılamaz; özgürce verilmeli ve alınmalıdır. Özgürlüğe değer verilen bir ilişkide, her bir kişi ihtiyaçlarını, arzularını ve isteklerini yargılanma veya reddedilme korkusu olmadan ifade edebilir. Bu da sağlıklı ve tatmin edici bir ilişki için temel olan güven, saygı ve kabul ortamını yaratır.

Sevgi, kimseye zorla kabul ettirilemeyecek kadar güçlü ve güzel bir duygudur. Herhangi bir dış etki veya zorlama olmaksızın doğal olarak ortaya çıkan bir duygudur. Sevgi üretilemez veya kontrol edilemez, çünkü kişinin kalbinin derinliklerinde doğan bir güçtür. Koşullar uygun olduğunda, iki ruh derin ve içten bir düzeyde birbirine bağlandığında çiçek açan organik ve kendiliğinden bir olgudur. Sevgi zorlanamaz çünkü iki birey arasında gerçek ve samimi bir bağ gerektirir. Uydurulamaz veya maniple edilemez, çünkü özgünlük ve dürüstlükle gelişir.

Birini sevgiye zorlamaya çalışmak, yuvarlak bir deliğe kare bir çivi sığdırmaya çalışmak gibidir. Basitçe işe yaramaz. Sevgi üretilemez veya uydurulamaz, çünkü içten gelen bir duygudur. Dayatılamaz veya dikte edilemez, çünkü ilgili her iki tarafın da karşılıklı rızasını ve isteğini gerektirir. Sevgi kontrol edilebilecek veya maniple edilebilecek bir şey değildir, çünkü insan kontrolünün ötesinde bir güçtür. Tüm sınırları ve sınırlamaları aşan güçlü ve gizemli bir enerjidir.

Aşk, kişinin kendisini ve karşısındakini derinden anlamasını gerektirir. Sabır ve şefkat gerektirir – ki bu zaman içinde yavaş yavaş ortaya çıkan bir yolculuktur.

Thoreau'dan çok güzel bir söz okumuştum: "Kuşlar mağaralarda ötmez."

İnsanlar da öyle. Aşk da. Sevgi zorlanamaz çünkü herhangi bir dış etki veya baskı olmaksızın doğal olarak ortaya çıkan bir duygudur. Kontrol edilemeyen veya maniple edilemeyen bir duygudur, çünkü özgürlük ve özgünlükle gelişir. Sevgi birine zorla kabul ettirilebilecek bir şey değildir, çünkü her iki tarafın da karşılıklı rızasını ve isteğini gerektirir. İki birey arasında derin ve gerçek bir bağ gerektirir; bu bağ üretilemez veya uydurulamaz. Sevgi birine zorla kabul ettirilemeyecek kadar güçlü bir kuvvettir; yalnızca koşullar uygun olduğunda, iki ruh derin ve içten bir düzeyde bağ kurduğunda ortaya çıkabilir.

Aşk bağlamında özgürlüğün bağlılık veya sorumluluk eksikliği anlamına gelmediğini belirtmek önemlidir. Aşk, her iki tarafın da özveri, çaba ve fedakârlık göstermesini gerektirir. Birbirlerine bireysel olarak büyümeleri için alan tanımak ile ilişkiyi desteklemek ve beslemek için bir araya gelmek arasında olması gereken hassas bir denge vardır: Aşkta uzlaşma.

"– Evliliğe karşı mısın?

– Hayır. Birbirini sevmeyen karı kocalara karşıyım, mutsuz çocuklara, sevgisiz evlere karşıyım."

Selim İleri, *Kırık Bir Aşk Hikâyesi*

Taviz oyunları.

Uzlaşmak nedir peki? Siz ve eşiniz tamamen farklı zevklere sahipken pizzaya hangi malzemeyi koyacağınıza karar vermeye çalışmak mesela. Siz ananas istersiniz, o ise mantar. Felaket için bir reçeteden bahsediyoruz! Ama uzlaşmak da böyle bir şey, değil mi? Her iki tarafı da tatmin edecek bir orta yol bulmak. Böylece, bu tuhaf kombinasyonun sizi bir şekilde birbirinize yaklaştıracağını umarak yarı ananas yarı mantarla gitmeye karar verirsiniz. Kim bilir, belki bu sizin özel pizza siparişiniz bile olur!

Jean-Paul Sartre, *Bulantı*'da şöyle yazıyor:

> *"Birisini sevmeye kalkışmak, önemli bir işe girişmek gibidir, bilirsin. Enerji, kendini veriş, körlük ister. Hatta başlangıçta bir uçurumun üzerinden sıçramanın gerektiği bir an vardır. Düşünmeye kalkarsa atlayamaz insan. Bundan böyle artık bu gerekli sıçrayışı yapmayacağımı biliyorum."*

Gerçekçi olalım, aşkta uzlaşmak her zaman bir pizzanın üzerindeki malzemeleri seçmek kadar basit değildir. Bazen tek tekerlekli bisiklet sürerken gözleriniz bağlı bir şekilde rubik küpünü çözmeye çalışmak gibi hissettirir. Dönüp durursunuz, çaresizce her ikiniz de isteğinizi ve ihtiyacınızı birbirinize nasıl uyduracağınızı bulmaya çalışırsınız. Bu hiç bitmeyen bir tetris oyunu gibidir, ancak bloklar yerine umutlarınızı, hayallerinizi ve hırslarınızı bir ilişkinin sınırlı alanına sığdırmaya çalışırsınız.

Uzlaşmanın beraberinde getirdiği fedakârlıkları da unutmayalım. Cuma geceleri halı sahada futbol oynamaktan vazgeçmeniz ya da Avrupa'yı sırt çantasıyla gezme hayalinize veda etmeniz gerekebilir. Birdenbire hayatınız bir dizi tavizden ibaret hale gelir ve yanlışlıkla "Taviz Oyunları" adlı bir tür çarpık reality şovun içine düşüp düşmediğinizi merak etmeye başlarsınız. Hayatta kalmayı başarabilecek misiniz, yoksa sonsuza dek hayatınız boyunca ödün vermeye mahkûm mu olacaksınız?

Kadının biri "armudun sapı, üzümün çöpü" deyip yıllarca evlenmemiş, bu konudaki tüm teklifleri geri çevirmiş. Neden sonra birisi onu kandırmış ve evlenmeyi kabul etmiş. Güzel bir düğün yapılmış ve yeni evlerine taşınmışlar.

Evliliklerinin ilk sabahında kocası erkenden kalkmış ve hanımına mükemmel bir kahvaltı hazırlamış. Yumurta rafadan, tam istediği gibi. Ekmekler kızarmış, taze portakal suyu sıkılmış... Bir kuşsütü eksikmiş. Kahvaltıyı hanımının yatağına kadar getirmiş ve nazikçe hanımını uyandırmış.

Tabii kadın bunu görünce çok sevinmiş ve içinden "Yahu durduk durduk ama galiba turnayı gözünden vurduk..." demiş.

Kadın bunları düşünürken kocası sormuş:

"Nasıl karıcığım, beğendin mi?" Kadın cevap vermiş:

"Evet, çok teşekkür ederim, harikasın kocacığım."

Bunun üzerine kocası ilave etmiş:

"İşte bundan sonra aynen böyle istiyorum..."

Uzlaşma o kadar da kötü değildir. Aslında zaman zaman oldukça komik olabilir. Şunu hayal edin: Kanepede oturmuş en sevdiğiniz TV programını izliyorsunuz, aniden partneriniz içeri giriyor ve romantik bir film maratonu zamanının geldiğini söylüyor. Umutsuzca bir uzlaşma yolu bulmaya çalışırken içinizde yükselen paniği hissedebilirsiniz. Aksiyon sahneleri de olan bir romantik komedi izlemeye ne dersiniz? Ya da belki biraz mizah içeren tarihi bir drama? Olasılıklar sonsuzdur!

Ve tüm zamanların en büyük uzlaşmasını da unutmayalım: Akşam yemeğini nerede yiyeceğimize karar vermek. Dünyanın en zor bulmacasını çözmeye çalışmak gibi. Bir kişi suşi ister, diğeri mantı. Bu, tek kazananın açlığın kendisi olduğu, hiç bitmeyen bir yemek tercihleri savaşı gibidir.

On sekizinci evlilik yıldönümlerini yeni kutlayan bir çiftten ipucu vereyim. Örneğin farklı yemek tercihleri var! Hayal edebiliyor musunuz? Biri baharatlı yemeklerden hoşlanırken diğeri daha hafif bir şeyler tercih ediyor. Ancak birbirlerini hoşlanmadıkları şeyleri yemeye zorlamak yerine, farklılıklarını kucaklıyor ve bunu yürütüyorlar. İşte ben böyle bir uzlaşmanın arkasındayım.

Uzlaşmadan bahsetmişken, ayrı banyolardan bahsedeyim. Bu çiftin kendi özel sığınakları burası ve bazen bu konuda tartışıyorlar. Ama ne var biliyor musunuz? İşlerine geliyor. Kararlı bir ilişkide bile kişisel alanın önemli olduğunun farkındalar. Öyleyse devam edin, kendi banyonuz olsun ve gerekirse bu konuda tartışın. Sadece elinizin altında bir pompa olduğundan emin olun çünkü işlerin ne zaman karışacağını asla bilemezsiniz.

Dolayısıyla, aşkta uzlaşma bazen farklı görüş ve arzulardan oluşan bir mayın tarlasında gezinmek gibi gelse de, aynı zamanda bir kahkaha ve büyüme kaynağı da olabilir. Bizi konfor alanlarımızın dışına çıkmaya ve bizi birbirimize yaklaştıran yaratıcı çözümler bulmaya zorlar. Ve kim bilir, belki de uzlaşma yoluyla kendimiz ve partnerimiz hakkında daha önce hayal bile edemeyeceğimiz yeni şeyler keşfederiz.

"Karşılıklı anlayış olmaksızın kendini ifade etme çabası, anlamsızdır."

Andrey Tarkovski, *Mühürlenmiş Zaman*

Karşılıklı anlayış tek boynuzlu at gibidir.

Evet, gerçek aşk özgürlüğü sever çünkü bireylerin kendilerini tam ve özgün bir şekilde ifade edebildikleri bir ortamda gelişebilir ancak. Çeşitliliği kucaklar, engelleri yıkar ve farklı geçmişlerden gelen insanları birleştirir. Özgürlük, bir güven, saygı ve kabul atmosferi yaratarak sevginin gelişmesini sağlar. Sevgi özveri ve çaba gerektirir, ancak büyüme özgürlüğü verildiğinde, hayatları daha iyi hale getirebilecek dönüştürücü bir güç haline gelir.

Bu özgürlüğü karşı tarafa tanıyabilmenin yolu anlayışlı olabilmekten geçer. Aşk, çeşitli şekillerde deneyimlenebilen ve ifade edilebilen karmaşık ve çok yönlü bir duygudur. Aşk genellikle romantik ilişkilerle ilişkilendirilse de, bunun ötesine geçerek arkadaşlıklarda, aile bağlarında ve hatta profesyonel ilişkilerde de bulunabilir. Ancak, ilişkinin türü ne olursa olsun, sevgi karşılıklı anlayışın olduğu bir ortamda gelişir.

Eşler arasında karşılıklı anlayış sihirli bir tek boynuzlu at gibidir, nadir ve zor bulunur. Aşk ve evlilikle ilgili bazı gerçeklere göz atalım, ne dersiniz? Birçok araştırmaya göre aşk, evlenmek için en önemli neden olarak gösteriliyor. Evet, öyle. Kim sevmediği biriyle evlenmek ister ki? Ancak işin can alıcı noktası şu: Finansal istikrar da erkeklerin iyi bir eş ya da partner olması için önemli görülüyor. Yani beyler, koca olmak istiyorsanız para biriktirmeye başlayın!

Ama bu sadece aşk ve parayla ilgili değil elbet. Ortak ilgi alanları, tatmin edici bir cinsel ilişki ve ev işlerini paylaşmak da başarılı bir evlilik için önemli faktörlerdir. Bu nedenle, eşinizle Netflix izlemek dışında ortak bir noktanız olduğundan emin olun. Ve bulaşıkları sırayla yıkamayı unutmayın – önemli olan küçük şeylerdir!

Şimdi, birbirinizi anlamanıza engel olabilecek bazı ilişki mitlerine değinelim. Klinik psikolog Terri Orbuch'a göre, iyi bir ilişkinin sıkı bir çalışma gerektirmemesi gerektiği koca bir yalandır. Yalan balonunuzu patlattığım için üzgünüm ama tüm ilişkiler çaba gerektirir. Bu yüzden kollarınızı sıvayın ve biraz çalışmaya hazır olun. Başka bir efsane mi? Eğer birbirinizi seviyorsanız, birbirinizin zihnini okuyabilmelisiniz. Hayır. Burada önemli olan etkili iletişimdir. Partnerinize sessiz davranmak ve sihirli bir şekilde neyin yanlış olduğunu bilmesini beklemek yerine, kelimelerinizi kullanmayı deneyin. Devrim niteliğinde, biliyorum. Tutkuyu da unutmayalım. Tutkunun zamanla azalması doğaldır, bu nedenle ilişkiniz artık bir aşk romanı gibi ateşli değilse paniğe kapılmayın. Bunun yerine, güçlü bir duygusal bağ kurmaya ve kıvılcımı canlı tutmak için yeni yollar bulmaya odaklanın.

Eşler arasındaki karşılıklı anlayış tamamen sevgi, para, ortak ilgi alanları, etkili iletişim ve gerçekçi beklentilerle ilgilidir. Biraz çaba gerektirebilir ama sahip olmaya değer her şey uğruna savaşmaya değerdir.

Çeşitli milletlerden hanımlara "Kocanız sizi aldatırsa ne yaparsınız?" diye sormuşlar.

İşte cevaplar:

İtalyan: "Kocamı öldürürüm."

İspanyol: "Kocamı da sevgilisini de öldürürüm."

Alman: "Kendimi öldürürüm."

Japon: "Önce kocamın sevgilisini, sonra kendimi öldürürüm."

İngiliz: "Viski ne güne duruyor?"

Rus: "Votkalarla sarhoş olurum."

Amerikalı: "Alacağım nafakayı hesaplamaya başlarım."

Fransız: "Dünyada başka erkek mi yok, hemen yenisini bulurum."

Arap: "Hocaya gider muska yazdırırım."

Türk: "Kocam beni aldatmaz ki..."

Bu örnek tek taraflı anlayış için farkındalık yaratsın. Karşılıklı anlayış, sevginin üzerine inşa edildiği temeldir. İki bireyin birbirlerinin düşüncelerini, duygularını ve bakış açılarını gerçekten anlamasını içerir. Romantik ilişkiler bağlamında karşılıklı anlayış, partnerlerin birbirleriyle empati kurmasına ve zorlu zamanlarda destek sağlamasına olanak tanır. Aynı zamanda birbirlerinin başarılarını ve sevinçlerini kutlamalarını da sağlar.

Her ilişkide, karşılıklı anlayış etkili iletişimi teşvik eder. Bireyler birbirlerinin ihtiyaçlarını, arzularını ve sınırlarını anladıklarında, daha açık ve dürüst bir şekilde iletişim kurabilirler. Her iki taraf da duyulduğunu ve değer verildiğini hissettiğinden, bu daha sağlıklı ve daha tatmin edici ilişkilere yol açar. Sevgi karşılıklı anlayışa dayandığında, çatışmalar açık diyalog ve uzlaşma yoluyla daha kolay çözülebilir.

Aşk, her iki tarafın da birbirini anlamak ve takdir etmek için çaba göstermeye istekli olduğu bir ortamda gelişir. Bu, aktif olarak dinlemeyi, sabırlı olmayı ve açık fikirli olmayı içerir. Aynı zamanda birbirlerinin farklılıklarını kabul etmek ve her bireyi kendisi yapan benzersiz nitelikleri kucaklamak anlamına da gelir.

Nihayetinde aşk karşılıklı anlayış içinde yaşar çünkü bireylerin daha derin bir düzeyde bağlantı kurmasını sağlar. İki kişi arasındaki bağı güçlendiren bir duygusal yakınlık ve güven duygusu yaratır. Karşılıklı anlayışı teşvik ederek, aşk zaman içinde gelişme ve büyüme potansiyeline sahiptir. İster romantik bir ilişkide isterse başka bir bağlantı türünde olsun, karşılıklı anlayışı geliştirmek sevgi dolu ve tatmin edici bir ilişkiyi sürdürmenin anahtarıdır.

"Sarılmak sevme sanatıdır.
Sarılmanın hası, bilekçe değil yürekçedir.
Sarılacaksanız yürekçe sarılın."

Tahsin Özmen, *Düşünmek Yaşamın Pasını Silmektir*

Ne haliniz varsa sarılın.

Eshun adındaki bir rahibe ve yirmi keşiş, bir Zen ustasının yanında meditasyon yapıyordu.

Eshun, kafası kazınmış ve elbisesi sade olmasına rağmen çok güzeldi. Birkaç keşiş gizlice ona âşık oldu. İçlerinden biri ona özel bir görüşme konusunda ısrar eden gizli bir aşk mektubu yazdı.

Eshun cevap vermedi. Ertesi gün usta gruba bir ders verdi ve ders bittiğinde Eshun ayağa kalktı. Kendisine mektup yazan kişiye hitaben şöyle dedi: "Eğer beni gerçekten bu kadar seviyorsan, şimdi gel ve sarıl bana."

Sarılmak size sadece madde kullanımına benzer bir coşku hissi vermekle kalmaz, aynı zamanda sizi daha mutlu ve sağlıklı yapabilecek hormonları da salgılar. "Dr. Love" olarak da bilinen nöroekonomist Paul Zak'e göre, günde en az sekiz kez sarılmak sizi daha mutlu edebilir ve ilişkilerinizi geliştirebilir. Dolayısıyla, sevdiklerinizi yakınınızda tutmak istiyorsanız, onlara sıkıca sarıldığınızdan emin olun. Birine sarıldığınızda, sadece bir sevgi anını paylaşmakla kalmaz, aynı zamanda onunla olan bağınızı da güçlendirirsiniz. Ve işte eğlenceli bir gerçek: Vücudunuzun sol tarafıyla sarılmak, olumlu veya olumsuz duygular sırasında gerçekleşme eğilimindedir. Yani, eğer partneriniz size soldan sarılıyorsa, bu ya gerçekten iyi bir haberdir ya da gerçekten kötü bir haber!

Sevdiğiniz birine sarılmak, stresi azaltan ve ruh halinizi iyileştiren oksitosin seviyelerini artırır. Kalbiniz için endişeleniyorsanız, evli bireyler bekâr ya da boşanmış bireylere kıyasla daha düşük damar hastalıkları riskine sahiptir. Yani, aşkı bulmak kalbiniz için birden fazla yönden iyi olabilir.

Çiftler birbirlerinin gözlerine baktıklarında, kalp atış hızları senkronize olur ve bu da güçlü bir duygusal ve fiziksel bağ olduğunu gösterir. Aşk gerçekten de güçlü bir bağımlılık olabilir ve sizi hem aşka hem de âşık olduğunuz kişiye bağımlı hale getirebilir. Sarılmak "aşk hormonu" olan oksitosin salınımını tetikler, bu da sadece ruh halinizi yükseltmekle kalmaz, aynı zamanda ağrıkesicilere benzer ağrı giderici etkilere de sahiptir. Yani, bir dahaki sefere kendinizi kötü ya da acı içinde hissettiğinizde, belki de ihtiyacınız olan tek şey iyi bir kucaklaşma seansıdır.

Ancak sarılmanın sadece insanlar için olduğunu düşünmeyin. Hayvanlar bile sıcak bir kucaklaşmaya ihtiyaç duyuyor! Örneğin, bir bilimadamını kucaklayan şempanzeyi ele alalım. Türler arası sevgi ne muhteşem! Ve ölümden kaçınmak için birbirlerine sarılan tek yumurta ikizlerini de unutmayalım. İşte ben buna aşırıya kaçmış kardeş sevgisi diyorum. Ve bir aslanın eski sahiplerine sarılmasının yürek ısıtan görüntüsüne kim karşı koyabilir? Bu da gösteriyor ki kucaklaşmak en büyük uçurumları bile kapatabilir.

Bu nedenle, ister bir aile üyesine, ister bir arkadaşınıza, hatta tüylü bir dostunuza sarılıyor olun, bunun sadece bir sevgi gösterisi olmadığını unutmayın. Bu, ruh halinizi yükseltmenin, ilişkilerinizi geliştirmenin ve hem duygusal hem de fiziksel boşlukları doldurmanın bir yoludur. Öyleyse devam edin ve eski moda bir ayı sarılmasıyla sevgiyi yayın!

Ne haliniz varsa sarılın.

"İçinden her zaman hayır dediği halde, hep evet sözü çıktı dudaklarından."

Friedrich Nietzsche, *İnsanca Pek İnsanca*

Hayırda hayır vardır.

Bir golf kulübünün soyunma odasında bir sürü adam giyiniyormuş. Ortada duran bir cep telefonu çalmış, yakınındaki bir adam hands-free konuşma düğmesine basmış ve giyinirken konuşmaya başlamış.

Adam: Alo.

Kadın: Merhaba şekerim, kulüpte misin?

Adam: Evet.

Kadın: Ay ben burada süper bir deri ceket gördüm. 1000 dolarcık. Alabilir miyim?

Adam: Olur, madem çok sevdin, al tabii.

Kadın: Aslında buradan önce de galeriye uğradım. Tam istediğim renkte bir araba buldum. Alabilir miyim?

Adam: Evet. Elbette alabilirsin. Ne kadar peki?

Kadın: 60.000 dolarcık.

Adam: O parayı vereceksem bütün aksesuvarlarını isterim ama.

Kadın: Yaşasın! Bir şey daha var: Geçenlerde beğendiğimiz ev vardı ya. Satılığa çıkmış ve 450.000 dolar istiyorlar.

Adam: Tamam ama 420.000 dolardan fazla verme sakın.

Kadın: Oldu şekerim. Sonra görüşürüz. Seni seviyorum.

Adam: Ben de seni. Görüşürüz.

Adam telefonu kapatıp afallamış şekilde onu seyreden topluluğa dönüp sormuş:

"Bu telefon kimin, bilen var mı?"

Bazı insanlar anlayışlı olmayı, her şeye evet demekle, karşımızdakinin her görüşünü kabul etmekle karıştırır. Bu korkutucudur. Anlayışlı olabilmek aslında kendi kabuğundan çıkabilmek, at gözlüklerinden kurtulabilmek ve yaşamın diğer insanlar tarafından nasıl algılandığını anlamaya çalışmaktır. Hazır olduğunuzda aşk deneyiminiz de sınırsıza ulaşacaktır.

Bir aşk ilişkisinde hayır demek sağlıklı ve güçlendirici bir karar olabilir. Birçok insan, ilişkiye zarar vereceğinden korktuğu için özellikle partnerlerine hayır demekte zorlanır. Kendisine sunulan sevgi karşısında insan eşine karşı hep borçlu hisseder çünkü. Ancak, aslında hayır demek isterken sürekli evet demek kızgınlığa ve kişisel kimlik kaybına yol açabilir. Sevilmek ile yönetilmek arasındaki ince bir fark oluşur bu durumda.

Her iki partnerin de birbirlerinin ihtiyaçlarını anlamasını ve bunlara yanıt vermesini sağlamak için bir ilişkide sınırlar belirlemek önemlidir. Şimdi ne düşündüğünüzü biliyorum – "Sınırlar mı? Aşkta mı? Bu kalbinizin etrafına çit çekmek gibi bir şey değil mi?" Pek sayılmaz. Kişisel sınırlar belirlemek, kim olduğunuzu gözden kaçırmadan gelişebileceğiniz ve muhteşem benliğiniz olabileceğiniz kendi küçük aşk balonunuza sahip olmak gibidir. Herkesin farklı ihtiyaçları ve görüşleri vardır ve bunları ifade etmekte bir sakınca yoktur. Sınır koymak ilişkiyi reddetmek anlamına gelmez, daha ziyade kişinin refahını veya benlik duygusunu olumsuz etkileyen belirli fikirlere veya olaylara hayır demek anlamına gelir. Bireyler hayır diyerek öz bakımlarını gerçekleştirmiş ve partnerleri tarafından istismar edildiklerini hissetmemiş olurlar.

Sınırlar hakkındaki tartışmalara sevgi, özen ve empatiyle yaklaşmak çok önemlidir. Bu konuşmaları her iki partnerin de sakin ve birbirlerini dinlemeye istekli olduğu zamanlarda yapmak önemlidir. Bireyler saygılı bir şekilde hayır diyerek partnerlerini de aynı şeyi yapmaya teşvik edebilirler. Bu bir iyi niyet duygusu yaratır ve ilişkideki her iki bireyi de besler.

Uygun sınırlar belirlemek bir ilişkinin başarısı için çok önemlidir. Sınırlar, kişinin kendi istek ve ihtiyaçlarını bilmesiyle başlayarak kendi içinde oluşturulmalıdır. Partnerler yeterli alana sahip olmadıklarında veya duyulmadıklarını hissettiklerinde, ilişkide bakıcılık, baskı ve güç mücadelesi gibi zorluklar yaşanabilir. Birbirinin sınırlarını anlamak, eşitlik ve karşılıklı memnuniyete bağlı olmak, sevgi dolu ve tatmin edici bir ortaklığa yol açabilir. İletişim, her iki partnerin de aktif olarak katıldığı ve birbirlerine yanıt verdiği bir tenis karşılaşması gibi olmalıdır. Sırayla konuşmak, dinlemeye odaklanmak ve eşinizin söylediklerine doğrudan yanıt vermek, eşinizin sınırlarını anlamak için kılavuz ilkelerdir.

Aşk hayatınıza sınırlar koyduğunuzda sihirli şeyler olur. Kristal küreye sahip bir aşk gurusu gibi kendinizin daha fazla farkında olursunuz. Kendi ihtiyaçlarınıza öncelik vermeye başlarsınız, çünkü kabul edelim, tüm sevgi ve ilgiyi siz de hak ediyorsunuz. Ve tahmin edin ne olur? Daha da iyi bir arkadaş ve partner olursunuz çünkü başkalarının ihtiyaçlarına daha fazla enerji ve saygı duyarsınız. Bu, sizi nihai ilişki süper kahramanı yapan bir süper güce sahip olmak gibidir.

Aynı zamanda kendinize daha iyi bakmanıza yardımcı olur ve stresi azaltır. Aşk hayatınızda huzur ve sükûnet varken kimin gereksiz dramaya ihtiyacı var ki? Ayrıca, iletişim becerilerinizi geliştirir, böylece istek ve ihtiyaçlarınızı güvenle ifade edebilirsiniz. Artık akıl oyunları oynamak veya partnerinizin ne istediğini tahmin etmek zorunda kalmazsınız, her şey açık ve dürüst iletişimle ilgili olur.

Sonuç olarak, bir aşk ilişkisinde hayır demek, partnerler arasında sağlıklı bir dinamiğin sürdürülmesi için gereklidir. Bireylerin ihtiyaçlarını ifade etmelerine olanak tanır ve öz bakımı teşvik eder. Sınırlar koymak, ilişkide anlayışı ve karşılıklı memnuniyeti teşvik eder. Bu tartışmalara sevgi ve empatiyle yaklaşmak partnerler arasındaki bağı güçlendirir. Çiftler açık iletişim kurarak ve birbirlerinin sınırlarına saygı göstererek sevgi dolu ve tatmin edici bir ortaklık yaratabilirler.

Nazik bir hatırlatma:

Tanrı bir an için paçavradan bebek olduğumu unutup can vererek beni ödüllendirse, aklımdan geçen her şeyi dile getiremeyebilirdim, ama en azından dile getirdiklerimi ayrıntısıyla aklımdan geçirir ve düşünürdüm. Eşyaların maddi yönlerine değil anlamlarına değer verirdim. Az uyur, çok rüya görür, gözümü yumduğum her dakikada, 60 saniye boyunca ışığı yitirdiğimi düşünürdüm.

İnsan aşktan vazgeçerse yaşlanır.

Başkaları durduğu zaman yürümeye devam ederdim. Başkaları uyurken uyanık kalmaya gayret ederdim. Başkaları konuşurken dinler, çikolatalı dondurmanın tadından zevk almaya bakardım.

Eğer Tanrı bana birazcık can verse, basit giyinir, yüzümü güneşe çevirir, sadece vücudumu değil, ruhumu da tüm çıplaklığıyla açardım. Tanrım, eğer bir kalbim olsaydı nefretimi buzun üzerine kazır ve güneşin göstermesini beklerdim.

Gökyüzündeki aya, yıldızlar boyunca Van Gogh resimleri çizer, Benedetti şiirleri okur ve serenatlar söylerdim.

Gözyaşlarımla gülleri sular, vücuduma batan dikenlerinin acısını hissederek dudak kırmızısı taçyapraklarından öpmek isterdim.

Tanrım bir yudumluk yaşamım olsaydı.

Gün geçmesin ki karşılaştığım tüm insanlara onları sevdiğimi söylemeyeyim. Tüm kadın ve erkekleri, en sevdiğim insanlar oldukları konusunda birer birer ikna ederdim.

Ve aşk içinde yaşardım. Erkeklere, yaşlandıkları zaman aşkı bırakmalarının ne kadar yanlış olduğunu anlatırdım. Çünkü insan aşkı bırakınca yaşlanır.

Çocuklara kanat verirdim. Ama uçmayı kendi başlarına öğrenmelerine olanak sağlardım.

Yaşlılara ise ölümün yaşlanma ile değil unutma ile geldiğini öğretirdim.

Ey insanlar! Sizlerden ne kadar da çok şey öğrenmişim. Tüm insanların, mutluluğun gerçekleri görmekte saklı olduğunu bilmeden, dağların zirvesinde yaşamak istediğini öğrendim.

Yeni doğan küçük bir bebeğin, babasının parmağını sıkarken aslında onu kendisine sonsuza dek kelepçeyle mahkûm ettiğini öğrendim.

Sizlerden çok şey öğrendim. Ama bu öğrendiklerim pek işe yaramayacak. Çünkü hepsini bir çantaya kilitledim. Mutsuz bir şekilde...

Artık ölebilir miyim?[4]

---

4. Meksikalı bir vantrologa ait konuşma.

"İnsanlar gerçekten iletişim kurabilse,
akıl hastanelerine gerek olmazdı."

Tim Park, *Kader*

İletişmek.

Herkesin duygu ve düşüncelerini açık ve etkili bir şekilde ifade edebildiği bir dünya hayal edin. Artık yanlış anlamalar, duyguları bastırmak ve kesinlikle akıl hastanesine yatırılmak gerekmeyecek. Hepimiz etrafta dolaşıyor, ruh sağlığımız hakkında açık ve dürüst konuşmalar yapıyor ve hayatın iniş ve çıkışlarında birbirimize destek oluyor olurduk.

Ancak ne yazık ki iletişimin genellikle yanlış yorumlamalarla dolu olduğu bir dünyada yaşıyoruz. Bir şey söylüyoruz ama beden dilimiz başka bir şey söylüyor. Maskelerin ardına saklanıyor ve duvarlar örüyoruz, bu da başkalarının neler yaşadığımızı gerçekten anlamasını zorlaştırıyor. Bazen de zihnimiz bize oyun oynar, düşüncelerimizi çarpıtır ve gerçeklerden uzak bir gerçeklik yaratır.

Bir süre önce okurlarımın ve takipçilerimin katıldığı ufak çaplı bir anket yapmıştım. 10 yıldan uzun ilişkisi olan okurlarımın bu devamlılığı neye borçlu olduklarını sormuştum. Çoğunluk ortak bir fikre sahipti gerçekten: İletişim.

İletişim, her başarılı ilişkinin temel bir unsurudur ve bu durum aşk için de geçerlidir. Karnınızdaki kelebekler, şaşkın bakışlar ve her bir düşünce ve duyguyu partnerinize iletme ihtiyacı. Etkili iletişim olmadan, labirentteki bir hamsterdan daha fazla kaybolursunuz. İnanın bana, ben de o yollardan geçtim. İletişim bir ilişkiyi bir arada tutan yapıştırıcıdır. Lezzetli bir kurabiyenin içindeki gizli malzeme gibidir. İletişim, lezzetli bir ilişkinin gizli sosudur evet. O olmadan, elinizde sadece ufalanmış bir karmaşa kalır. Ve inanın bana, kimse dağınıklık istemez. Etkili iletişim açık konuşmanızı, iyi bir dinleyici olmanızı ve birbirinizi daha derin bir düzeyde anlamanızı sağlar.

Ama bu sadece konuşmakla ilgili değildir. Aynı zamanda beraber yürümekle de ilgilidir. Birbirinizin sevgi dillerini öğrenmeli ve ikiniz için de işe yarayacak stratejiler bulmalısınız. Belki de partneriniz hizmet etmeyi tercih ederken siz onaylayıcı sözler söyleyen birisinizdir. Bu farklılıkları anlayarak, sevginizi partnerinizde yankı uyandıracak şekilde iletebilirsiniz.

Eğer uzun mesafeli bir ilişkiniz varsa, etkili iletişim daha da hayati hale gelir. Bu, bir eliniz arkanızda bağlıyken kumdan bir kale inşa etmeye çalışmak gibidir. Ama korkmayın. Etkili iletişimle bu mesafeyi kapatabilir ve aşkı canlı tutabilirsiniz.

İlişkinizin gökkuşağı tarlasında zıplayan görkemli bir tek boynuzlu at gibi gelişmesini istiyorsanız, o zaman etkili iletişim anahtardır. Öyleyse gidin ve açıkça konuşun, dikkatle dinleyin ve iyi zamanlanmış bir "Seni seviyorum..." cümlesinin gücünü asla hafife almayın.

Aslında iletişim, güven, anlayış ve duygusal yakınlığın temelini oluşturduğu için romantik bir ilişkide daha da önemli olabilir. Etkili iletişim, partnerlerin ihtiyaçlarını, arzularını ve endişelerini açık ve dürüst bir şekilde ifade etmelerine olanak tanıyarak daha derin bir bağ ve daha fazla duygusal tatmin sağlar. Bireylerin birbirlerini gerçekten dinlemelerini, deneyimlerini ve duygularını doğrulamalarını sağlar. Açık ve net iletişim olmadan yanlış anlamalar ortaya çıkabilir, bu da çatışmalara ve kızgınlığa yol açabilir. Önemsenmeyen, konuşmaya değer görülmeyen birçok şey iki sevgili arasında buzdağına neden olur. Birbirine âşık iki insan arasına iletişimsizlik bir süre girdiğinde, bu süre büyür, aylar olur, yıllar olur ve araya yıkılması imkânsız duvarlar örülür.

Aşk büyük bir şey değildir.
Yüzlerce küçük şeydir.

Küçük mucizeler dükkânı.

Aşkta iletişim sözlü ifadelerin ötesine de uzanır. Beden dili ve jestler gibi sözel olmayan ipuçları, duyguların aktarılmasında ve partnerler arasındaki bağın güçlendirilmesinde önemli bir rol oynar.

Jestten kastım şu değil ancak. Adamın biri elindeki son 500 dolarla kumar oynamaya karar verir ve Las Vegas'ın yolunu tutar. Ve inanılmaz bir talih; tam 3 milyon dolar kazanır. Hemen otel yönetiminin kendisine tahsis ettiği kral dairesine çıkar ve karısına telefon eder:

"Hayatım, evde misin?"

"Evet kocacığım."

"İyi. Hemen hazırlan o zaman. Çabuk bavulunu hazırla. Kumarhanede tam 3 milyon dolar kazandım."

Kadın sevinç dolu bir çığlık atar "Ay, harikasın sevgilim! Hemen hazırlanıyorum. Peki ama nereye? Paris, Karayipler, Güney Amerika?" Adam cevap verir:

"Umurumda değil. Sadece eve döndüğümde çoktan gitmiş ol, yeter."

Aşk büyük bir şey değildir. Yüzlerce küçük şeydir. Partnerinizin kirli çoraplarını milyonuncu kez yerde bırakması ya da diş macununun kapağını kapatmayı unutması gibi. Ancak bu küçük sıkıntılara rağmen, aşkı bu kadar özel kılan da aynı küçük şeylerdir. Moraliniz bozukken sizi güldürmeleri ya da kendinizi daha iyi hissetmeniz için tam olarak ne söyleyeceklerini bilmeleridir. Korktuğunuzda elinizi tutmaları ya da sırf bu yüzden en sevdiğiniz ikramla size sürpriz yapmalarıdır. Aşk büyük jestler ya da abartılı gösterilerle ilgili değildir. Günlük anlarla, birine ne kadar değer verdiğinizi gösteren basit nezaket ve düşüncelilik eylemleriyle ilgilidir. Bir dahaki sefere kendinizi bu küçük şeyler yüzünden hayal kırıklığına uğrarken bulduğunuzda, bir adım geri atın ve aşkı bu kadar harika yapan şeyin bunlar olduğunu hatırlayın. Bu tuhaflıkları ve kendine has özellikleri kucaklayın, çünkü sonuçta aşkı gerçekten muhteşem kılan o yüzlerce küçük şeydir.

Partnerinizin uzun bir günün ardından size en sevdiğiniz yemekle sürpriz yapması veya kesinlikle nefret ettiğiniz ev işlerini yapması gibi küçük şeyler önemlidir. Bu sevgi eylemleri küçük görünebilir, ancak kalbinizi çarptıracak ve yüzünüze bir gülümseme getirecek güce sahiptirler. Önemli olan büyük jestler ya da pahalı hediyeler değildir; önemli olan bu küçük romantik davranışların ardındaki düşünce ve çabadır. Bu nedenle, bir dahaki sefere, randevu gecesinde ne yapacağınızı tartışmak yerine, inisiyatif alın ve plan yapın. Ve sadece mesajlaşmakla yetinmeyin; telefonu elinize alın ve partnerinizin sesini duymak için onu arayın. Bu küçük jestler önemsediğinizi ve sevdiğiniz kişiyi mutlu etmek için fazladan çaba göstermeye istekli olduğunuzu gösterir.

Araştırmalar, insanların sevildiklerini hissetmelerini sağlayan şeylerin başında küçük jestlerin geldiğini göstermiştir. El ele tutuşmak ya da ona sürpriz bir şekilde sarılmak, ona değer verildiğini ve el üstünde tutulduğunu hissettirmek için uzun bir yol kat edebilir. İki birey arasında güçlü bir bağ yaratan bu basit sevgi eylemleridir. Bu nedenle, sıcak bir kucaklaşmanın veya nazik bir dokunuşun gücünü hafife almayın.

Covid-19 salgını sırasında insanlar ilişkilerin ve insani bağların önemini fark etti. Genellikle yalnız vakit geçirmekten hoşlanan içedönük bireyler bile kendilerini yalnız hissetti ve sosyal etkileşim arzuladı. Pandemi, hayatlarımızda sevgi dolu ve şefkatli insanlara ihtiyacımız olduğunu hatırlattı. Bu sadece romantik ilişkilerle ilgili değil; arkadaşlarla, aileyle ve çocuklarla ilişkilere yatırım yapmak da aynı derecede önemli.

Sevgi, sayısız küçük şeyin iplikleriyle birlikte dokunan narin bir dokuma halı gibidir. Aşkın dokusunu oluşturan büyük jestler ya da abartılı gösteriler değil, küçük nazik ve düşünceli davranışlardır. Kişinin sabahları eşine kahvesini tam da onun sevdiği şekilde getirmesi ya da gün boyunca bulması için küçük sevgi notları bırakmasıdır. Sokakta yürürken el ele tutuşmaları ya da kalabalık bir odada gizli bir gülümsemeyi paylaşmalarıdır. Aşk bu küçük şeylerden, kalplerine sıcaklık ve neşe getiren günlük anlardan oluşur.

Ogden Nash'ın ironik bir sözü var:

> *"Para harcamaktan zevk*
> *alan bir kadınla evli*
> *olan erkeğin yapabileceği*
> *bir tek şey vardır: Para*
> *kazanmaktan zevk*
> *almak."*

Genellikle ihtişam ve savurganlığa değer veren bir dünyada, aşkta küçük şeylerin önemini gözden kaçırmak kolay olabilir. Ancak bir ilişkiyi gerçekten güçlü ve kalıcı kılan budur. Kalıcı anılar yaratan pahalı hediyeler ya da gösterişli tatiller değil, daha ziyade bağlantı ve samimiyetin sessiz anlarıdır. Erkeğin kadının saçını kulağının arkasına atması ya da hiç beklemediği bir anda kadının erkeğin yanağını öpmesidir. Bu küçük şeyler iki insan arasında yakınlık ve samimiyet hissi yaratır ve aşkı gerçekten özel kılan da bunlardır.

Aşk her zaman kolay ya da göz alıcı değildir; çaba ve bağlılık gerektirir. Ancak aşk gücünü küçük şeylerde bulur. Onun ihtiyaçlarını duruma göre kendi ihtiyaçlarının önüne koymasında ya da konuşacak birine ihtiyacı olduğunda onu dikkatle dinlemesinde. Aşk, bu küçük özverili davranışlardan, birbirlerini ne kadar önemsediklerini gösteren bu ufak jestlerdir. Üzüntülü zamanlarda birbirlerini teselli etmeleri ya da birbirlerinin başarılarını içten bir coşkuyla kutlamaları gibi. Bu şeyler tek başlarına önemsiz görünebilir, ancak birlikte derin ve anlamlı bir bağın temelini oluştururlar.

Belki de bu küçük şeyleri genellikle hafife aldığımız için gerçek önemlerini fark edemeyiz. Hayatımızdaki varlıklarına o kadar alışırız ki bizim için ne kadar önemli olduklarını unuturuz. Ancak bu küçük şeylerin yokluğunda gerçek değerlerinin farkına varırız. İşte o yokluk anlarında onun dokunuşunun sıcaklığını ya da kahkahasının sesini özleriz. İşte o anlarda, bizi ayakta tutmak için bu ufak sevgi eylemlerine ne kadar güvendiğimizi fark ederiz.

Bu yüzden aşkta küçük şeylerin gücünü hafife almayalım. Onlara değer verelim ve takdir edelim, çünkü aşkı gerçekten güzel kılan şey onlardır. İster paylaşılan bir yemek, ister iyi geceler öpücüğü ya da basit bir "Seni seviyorum..." olsun, bu jestler bir ömür boyu mutluluk ve tatmin yaratır. Aşkı hayatın zorlukları ve sıkıntıları karşısında dayanıklı kılan da bunlardır. Sevgi bu küçük şeylerden oluşur ve onların varlığında gerçek neşeyi ve memnuniyeti buluruz.

"Evliliğin amacı 'anlam paylaşımı'dır. Yani iki taraf da diğerinin hayal ve umutlarını destekleyecek. Eğer bir taraf diğerini mutlu etmek için kendi isteklerini feda ediyorsa evlilik yanlış yolda demektir."

John Gottman

Aşk, kimseyi beklemez.

Gelelim diğer önemli bir konuya. Sevgiyi zamanında göstermenin saf neşesini ve coşkusunu tatmak için biraz zaman ayırabilir misiniz? Duygularınızı, sevginizi ve en derin hislerinizi, en çok ihtiyaç duyulduğu anda, bir saniye bile gecikmeden aktarabildiğinizi hayal edin. Gerçekten harika değil mi?

Sevgiyi zamanında göstermek, birine soğuk bir gecede sıcak bir battaniye vermek ya da susuz kaldığında ona bir bardak su vermek gibidir. Zamanındadır, uygundur ve karşılaşabilecekleri zorluklara karşı mükemmel bir panzehirdir. Ve en iyi kısmı mı? Hiçbir maliyeti yoktur. Tek gereken biraz empati, anlayış ve bir başkasının yanında olma isteğidir.

Ancak olay şu; sevgiyi zamanında göstermek, yalnızca sevginizi ifade ederken dakik olmakla ilgili değildir. Aynı zamanda sevdiklerinizin size en çok ihtiyaç duyduğu kritik anlarda ortaya çıkmakla da ilgilidir. Bu onların kriz zamanlarında, kendilerinden şüphe duydukları anlarda ve kendi değerlerini sorguladıkları anlarda orada olmakla ilgilidir. Anlayışla ilgilidir. Onlara her şeyin yoluna gireceğini söyleyen güven verici bir ses olmaktır.

Ve unutmayalım; sevgiyi zamanında göstermek, geç kalmamak demektir. Çünkü geç gelen aşk, kaçırılmış bir fırsat, asla geri getirilemeyecek kayıp bir an gibidir. O halde sevgimizi zamanında göstermeye özen gösterelim. En önemli anlarda duygularımızı ifade etmeyi bir alışkanlık haline getirelim. Yarını ya da ertesi günü beklemeyelim, günü değerlendirelim ve sevgimizi şimdi gösterelim. Çünkü aşk, kimseyi beklemez. Ve bunu göstermek için şu andan daha iyi bir zaman olamaz!

"Eğer o aşk olsaydı
şimdi burada olmaz mıydı?
Eğer doğru kişi olsaydı
şimdi yanı başımda
oturmaz mıydı?"

Rupi Kaur, *Güneş ve Onun Çiçekleri*

"An"ı kucaklamak.

Aşk, ah aşk! Kalplerimizi neşe ve heyecanla dolduran en büyüleyici duygu. Sınır tanımayan, zamanı ve mekânı aşan bir güçtür. Ve sevgili dostlarım, tamamen şimdiki anı yaşamak, her saniyeye değer vermek ve ömür boyu sürecek güzel anılar yaratmakla ilgilidir. Aşk geçmişle ilgilenmez, çünkü geçmişte yaşananlar üzerinde durmanın bir ilişkinin büyümesini engelleyebileceğini bilir. Aşk gelecekle de ilgilenmez, çünkü gerçek mutluluğun şimdi ve burada olanı kucaklamakta yattığını bilir.

Âşık olduğumuzda, tamamen anın içinde oluruz. Her geçen saniyenin güzelliğine kendimizi kaptırırken kalplerimiz saf mutlulukla dolar. Her dokunuşun, her kelimenin, paylaşılan her deneyimin tadını çıkarırız, çünkü bunların gerçekten önemli olan anlar olduğunu biliriz. Sevgi bizi tamamen şimdiki zamanla meşgul olmaya, karşımızdaki kişiyi takdir etmeye ve her anı değerli kılmaya teşvik eder.

Sevgi bize geçmişi geride bırakmayı öğretir. Bizi affetmeye ve unutmaya, daha önce başımıza bela olmuş olabilecek hataları ve kalp kırıklıklarını geride bırakmaya teşvik eder. Sevgi, ne olabileceği ya da ne olması gerektiği üzerinde durmakla ilgilenmez. Şimdiki anı kucaklamak, pişmanlıkları bir kenara bırakmak ve mutluluk ve tatmin dolu bir gelecek inşa etmeye odaklanmakla ilgilidir.

Benzer şekilde, sevgi gelecekle de ilgilenmez. Ne olabileceği konusunda endişelenerek ya da hayatımızın her yönünü kontrol etmeye çalışarak enerjisini boşa harcamaz. Sevgi, belirsizliğin yaşamın bir parçası olduğunu ve varış noktası hakkında sürekli endişelenmek yerine yolculuğun tadını çıkarmanın çok daha önemli olduğunu bilir. Bize her anı kollarımızı açarak kucaklamayı, her deneyime değer vermeyi ve ömür boyu sürecek anılar yaratmayı öğretir.

Stefan Zweig, *Bilinmeyen Bir Kadının Mektubu*'nda şöyle diyor:

> *"Seni suçlamıyorum.*
> *Seni sen kim isen o olarak*
> *seviyorum, sıcakkanlı ve*
> *çabuk unutan, kendini*
> *veren ve sadık kalmayan,*
> *seni yalnızca her zaman*
> *kim idiysen ve şimdi de*
> *hâlâ kimsen o halinle*
> *seviyorum."*

Evet, itiraf ediyorum aşk tuhaf bir şeydir. Farklı insanlar için pek çok farklı anlama gelebilen soyut bir duygudur. Ama kesin olan bir şey var ki aşk tamamen şimdiki zamanla ilgilidir. Ne kadar uğraşırsanız uğraşın geçmişi değiştiremezsiniz. Öyleyse neden üzerinde duralım? Geçmiş ilişkilere dönüp bakmak gerçekten kötü bir film izlemek gibi olabilir. Size neler kaybettiğinizi ve neler olabileceğini hatırlatır. Bir korku filmini yeniden izlemek gibidir ama bu kez korkan sizsinizdir. Gelecek hakkında konuşmayalım bile. Geleceğe bakmak kuşkulu ve mağlup edici olabilir. Pembe dizideki bir sonraki olay örgüsünü tahmin etmeye çalışmak gibi - imkânsız, yorucu ve gülünç. Öyleyse geçmişte yaşamak ya da gelecek hakkında endişelenmek yerine neden şimdiye odaklanmıyoruz? Anın içinde olun, yolculuğun tadını çıkarın ve aşkın sizi nereye götüreceğini görün.

Şimdi, geçmiş ilişkilerinizi tamamen unutmanız gerektiğini söylemiyorum. Bugün kim olduğunuzu şekillendirmede onların da yeri var. Ancak bu geçmiş ilişkileri şimdiki ilişkinize yansıtmak gerçekten can sıkıcı olabilir. Şu anki partnerinizi eski sevgililerinizle kıyaslamak yerine, neden geçmişteki sevgi ve derslerin üzerinde durmadan onları onurlandırmıyorsunuz? Bunu, önceki ilişki bölümü için bir kapanış töreni olarak düşünün. Ve eğer hâlâ bu kalıcı düşünceler ve korkularla mücadele ediyorsanız, objektif biriyle konuşun. Bir arkadaş, bir terapist, hatta köpeğiniz size destek olabilir ve bu duyguları işlemenize yardımcı olabilir. Unutmayın, mevcut ilişkiniz kendi spot ışıklarını ve kırmızı halısını hak ediyor.

"Her şey eskisi gibi. Yalnız sen yoksun.
Yokluğunun acıları sinmiş ortalığa.
Şimdi, güneşin doğuşunu
yalnız seyrediyorum."

Yılmaz Güney, *Gençlik Öyküleri*

Âşık kişi sonsuzluk umuduyla yaşar.

Bu konuya Ahmet Erhan dizeleriyle başlamak geldi içimden:

"Yağmurlar yağardı uzun uzun.

Göğü senin saçlarında koklardım.

Garip, örneğin güneşin doğuşunu senin yüzünde izlemek gibi garip alışkanlıklarım vardı.

O zamanlar henüz çözülmemişti dünyanın bütün sırları.

Bu kadar kolay değildi yadsımak.

Sen kollarımda bir ırmak gibi akmayı benimsedin; hep öyle kalmayı.

Bense ırmakların denizlere, okyanuslara taşındığına inanırdım – hâlâ inanırım. Bilirsin, bir tek yağmur damlasında bile boğulmaktır benim tek ayrıcalığım.

Sana hiç kullanılmamış sıfatlar yakıştırırdım; şimdi bütün sıfatların ötesinde sevdiğim sevgili.

Bedenini bir dünya olarak dolaştığım, dağları, uçurumlarıyla sarıp sarmaladığım.

Neredesin şimdi?

Neden yoksun ki?

Uzun upuzun bir yağmur yağıyor yaşamı boyunca insanın.

Yüzeyde kalan her şeyi alıp götürmek, derindeki duyguları beslemek için.

Yağmur benim adıma yirmi dört yıl, üç ay altı saattir yağıyor ve nerde dinecek bilmiyorum artık.

Sen bu yağmurun neresindesin?

Bütün unutmaları denedim, sonsuza dek anımsayacak kadar.

Sevgilim, hep var olan yitikliğim benim."

Âşık kişi sonsuzluk umuduyla yaşar. Aşkın yaşamın sınırlarını aşabileceği ve ölümden sonra bile devam edebileceği fikri hem heyecan verici hem de büyüleyicidir. Umut duygusunu ve kendimizden daha büyük bir şeye olan inancı ateşler. Ölümle ayrılmış olsak bile ruhlarımızın birbirleriyle manevi düzeyde bağlantı kurabileceği düşüncesi gerçekten olağanüstüdür.

Ölümden sonra aşkı düşündüğümüzde, genellikle iki ruh arasında derin ve ebedi bir bağ hayal ederiz. Bu, zamanı ve mekânı aşan, fiziksel âlemin ötesine geçen türden bir sevgidir. Bu aşk, tamamen ruhani bir düzeyde var olduğu için mantığa ve akla meydan okur. Fiziksel bir varlığın yokluğunda bile büyümeye ve gelişmeye devam eden bir sevgidir.

Birçok kültürde ve dinde, ölümden sonra aşkı çevreleyen hikâyeler ve inançlar vardır. Bu hikâyeler genellikle öbür dünyada yeniden bir araya gelen, ruhları birbirlerinin kucağında teselli ve mutluluk bulan âşıkları tasvir eder. Aşkın ölümün ötesinde de devam edebileceğini bilmek rahatlatıcı bir düşüncedir ve bize umut ve güven duygusu sağlar.

Ölümden sonra aşk fikri, varoluşumuzun doğası ve insan ruhunun gücü hakkında da sorular ortaya atıyor. Ölümlü hayatlarımızın sınırlarının ötesine uzanarak birini gerçekten sevmenin ne anlama geldiğine dair algımızı zorluyor örneğin. Bize aşkın zaman ya da mekânla sınırlı olmadığını, aksine en karanlık koşulların bile üstesinden gelebilecek bir güç olduğunu hatırlatıyor.

Sonuç olarak, ölümden sonra aşk, hayal gücümüzü yakalayan ve kalplerimizi umutla dolduran büyüleyici bir kavramdır. Bize sevginin ölümün ötesine geçebilen güçlü bir kuvvet olduğunu hatırlatır. İster hikâyeler, ister inançlar, isterse de kişisel deneyimler aracılığıyla olsun, ölümden sonra aşk fikri bize ilham vermeye ve bizi büyülemeye devam etmekte, bize aşkın kalıcı gücünü hatırlatmaktadır. Ancak mutlu eden hayaller kadar, rahatsız edici gerçekler de önemlidir. Ölüm gerçekliği.

Hafif esintinin uzun otların arasından sırlar fısıldadığı sessiz bir kırda, mutlu bir çift yaşıyordu. Aşkları, küçük kulübelerine yayılan ve içeri giren herkesi saran bir sıcaklıkta ve uyum içindeydi.

Bu âşıklar birbirlerinden ayrılamazlardı. Kahkahaları havayı dolduruyor ve gözlerindeki ışıltı diğerlerinin kıskançlığını ateşliyordu. Birlikte bir hayat kurmuşlardı, aşkın yeşerdiği ve hayallerin uçuştuğu bir sığınaktı yaşam onlar için. Onların aşk hikâyesi Tanrı tarafından özel yazılmış gibiydi; tutku, anlayış ve arkadaşlığın mükemmel bir karışımıydı. Aralarındaki bağ kopmazdı ya da onlar öyle sanıyordu.

Bir gün, güneş safir gökyüzünde dans ederken, hayatlarının üzerinde kara bir bulut belirdi. Kadın hastalandı ve sadece bir öksürük olarak başlayan hastalık, zorlu bir düşmana karşı çetin bir mücadeleye dönüştü. Eşi onun yanında durdu, sarsılmaz desteği bir güç sütunuydu, ama kaderin kendi planları vardı.

Keder adamcağızı tüketmiş, paramparça ediyordu. Onu kaybetmişti. Sevgili karısı olmadan devam etmek için bir neden bulmaya çalışırken, etrafındaki dünya kasvetli ve renksiz görünüyordu. Ama kalbinin derinliklerinde, eşinin anısına dalarak teselli buldu. Yaşamını, eşinin özünün her köşesine nüfuz ettiği bir anılar mabedine dönüştürdü.

Günler haftalara, haftalar aylara dönüştükçe adam eşinin ruhunun hep var olduğunu keşfetti. Rüzgârın nazik okşayışında onun dokunuşunu hissediyor, gecenin sessizliğinde onun sesini duyuyordu. Aşklarının zamanı ve mekânı aştığı, eşinin fiziksel yokluğunda bile onları birbirine bağladığı inancıyla teselli buluyordu.

Arkadaşları ve ailesi onun gölgeler arasında neşe bulma yeteneğine hayret ediyor, eşinin yokluğunda nasıl bu kadar mutlu kalabildiğini merak ediyorlardı. Ancak adam, aşkın yaşam ve ölümün sınırlarını aştığını, paylaştıkları bağın kopmadığını biliyordu. Sık sık en sevdikleri parkta oturur, maceralarını rüzgâra anlatır, sadece onun duyabileceği sırları paylaşırdı. Yanından geçen insanlar onun yıpranmış yüzünü süsleyen yumuşak bir gülümsemeyi fark ederdi, bu gülümseme taşıdığı sonsuz sevgiyi anlatırdı.

Ancak dünya döndükçe ve mevsimler değiştikçe, bazen en güzel sonların bizi merakta bırakanlar olduğunu anladı adam. Çünkü kalbinin derinliklerinde, aşklarının zaman ve mekân sınırlarını aşarak sonsuza dek süreceğini biliyordu. Her ne kadar eşinin hatırasıyla teselli bulmuş olsa da, bir parçası ona bir kez daha sarılmayı, sıcaklığını hissetmeyi ve kahkahalarını duymayı arzuluyordu. Bu özlem sonsuza dek tatmin edilmeden kalacak, onu her nefesini besleyen acı tatlı bir özlemle baş başa bırakacaktı.

Ve böylece, bir gün ruhları uhrevi âlemlerde iç içe geçtiğinde, aşklarının her zamankinden daha parlak yanacak ebedi bir alev olarak yeniden birleşeceğini bilerek teselli buldu. Bazıları bunun bir illüzyon, kederli bir adamın hayal gücünün bir ürünü olduğunu iddia ediyordu. Ancak diğerleri, aşkın sınırsız gücüne inananlar, bunu iki ruh arasında var olan kopmaz bağın bir kanıtı olarak görüyordu.

Bu yüzden, bir dahaki sefere kendinizi o şirin küçük kasabada yürürken bulduğunuzda, geleneklere meydan okuyan adama dikkat edin, çünkü hayatın sınırlarını aşan bir aşka göz atabilirsiniz. Ve uzaklaşırken, aklınızda bir soru kalır: Aşk, en acımasız gerçekleri bile gerçekten fethedebilir mi?

Sevdiğimiz birini kaybetmek, kendimizi kaybolmuş ve bunalmış hissetmemize neden olabilecek son derece acı verici bir deneyimdir. Ancak, kederin ortasında bile hâlâ yaşanacak bir hayat olduğunu hatırlamak önemlidir. Sevdiklerimizin anısını onurlandırmak, onların ruhunu canlı tutmanın ve ilerlemek için teselli bulmanın bir yoludur. Kayıptan sonra hayatı kucaklamaya yönelik bu süreç zorlayıcı olabilir, ancak iyileşme yolculuğunun önemli bir parçasıdır.

Sevdiğiniz birinin anısını onurlandırmanın bir yolu kalıcı bir hatıra yaratmaktır. Bu, onların adına bir anma fonu veya vakıf kurmak, yıllık bir etkinlik veya bağış toplama etkinliği düzenlemek ya da sadece evinizde veya topluluğunuzda özel bir alanı onların anısına ayırmak yoluyla olabilir. Kederimizi olumlu bir şeye kanalize ederek, sadece onların anısını canlı tutmakla kalmaz, aynı zamanda başkalarının hayatlarında da bir fark yaratabiliriz.

Kayıptan sonra hayatı kucaklamanın bir diğer önemli yönü de duygularımızla başa çıkmanın sağlıklı yollarını bulmaktır. Yas karmaşık ve bireysel bir süreçtir ve yas tutmanın doğru ya da yanlış bir yolu yoktur. Ortaya çıkan her türlü duyguyu hissetmek için kendimize izin vermek ve gerektiğinde destek aramak çok önemlidir. Bu, bir destek grubuna katılmayı, terapi aramayı veya bize neşe ve huzur veren faaliyetlerde rahatlık bulmayı içerebilir.

Ayrıca, kayıptan sonra hayatı kucaklamak, kendimize hem fiziksel hem de zihinsel olarak bakmak anlamına gelir. Egzersiz, doğru beslenme ve yeterince dinlenme gibi öz bakım faaliyetlerine katılmak, yas sürecinin zorlu şartlarında yol almamıza yardımcı olabilir. Kendimize karşı sabırlı olmak ve dinlenme, düşünme anlarına izin vermek de önemlidir. Kendi refahımıza öncelik vererek, sevdiklerimizin anısını onurlandırmak ve tatmin edici bir hayat yaşamak için daha donanımlı hale geliriz.

Ne diyor Thomas Campbell:

> *"Arkada bıraktıklarımızın kalbinde yaşamak ölmek değildir."*

Kayıptan sonra hayata tutunabilmek, kendi hayatlarımızda anlam ve amaç bulmayı içerir. Bu, yeni ilgi alanları veya hobiler edinmek, gelecek için hedefler belirlemek veya başkalarına geri vermenin yollarını bulmak anlamına gelebilir. Kendi hayatlarımızda neşe ve tatmin bularak sevdiklerimizin mirasını devam ettirebilir ve onların bizim anlamlı bir hayat yaşamamızı isteyeceklerini bilerek teselli bulabiliriz.

Sonuç olarak, sevilen birinin anısını onurlandırmak ve kayıptan sonra hayatı kucaklamak zaman, sabır ve öz-şefkat gerektiren son derece kişisel bir yolculuktur. Kalıcı anılar yaratarak, yasla başa çıkmanın sağlıklı yollarını bularak, fiziksel ve zihinsel olarak kendimize özen göstererek ve kendi yaşamlarımızda anlam ve amaç bularak, kaybettiklerimizin anısını onurlandırmaya devam ederken yas tutma sürecinde yol alabiliriz.

> *"Eksik bir şeylerin kalması daha iyi. Öyle olmazsa yine hayal kırıklığı yaşarım."*
>
> Jane Austen, *Aşk ve Gurur*

Eksik bir şey var.

Elbette hayal kırıklığı ile yaşamayı öğrenmek için sevdiğimizin kaybı gerekmiyor. İlişkilerin çoğu yukarıda yazdığım hikâye gibi her şeye rağmen aşk dolu bitmiyor. Gelelim hikâyenin diğer yüzüne:

Aşkta hayal kırıklığına uğramanın verdiği o güzel duygu. Çorbanızda bir saç teli bulmak ya da bütün gün iç çamaşırınızı ters giydiğinizi fark etmek gibi. Bilirsiniz, Beyaz Atlı Prens'in aslında pek de Beyaz Atlı Olmayan Prens'e benzediğini fark ettiğinizde midenizde oluşan o batma hissi. Ama en azından bir fincan kahve eşliğinde arkadaşlarınızla paylaşabileceğiniz harika bir hikâye olur.

Karıkoca müthiş kavga etmişler ve küsmüşler. Sonra bakmışlar olacak gibi değil, birbirlerine notlar yazarak anlaşmaya karar vermişler.

Bir gün adamın bir iş görüşmesi varmış ve sabah 08.30'da işe gitmesi gerekiyormuş; komodinin üzerine bir not yazıp koymuş:

"Sabah beni saat 08.00'de kaldır!"

Ertesi gün olmuş, adam bir kalkmış saat 10.00; müthiş bir sinirle fırlamış yataktan ve başucunda bir not bulmuş:

"Saat 08.00 oldu kalk!"

Aşkta hayal kırıklığına uğramak, heyecan vaat eden ama sonuna doğru giderek sıkıcı olmaya başlayan ve hatta film sırasında bile patlamış mısırın bilet fiyatı kadar olduğu için hayretler içinde kaldığınız sinema filmine gitmek gibidir. Umut ve heyecanla başlarsınız, bunun hayatınızın aşkı olabileceğini düşünürsünüz. Ancak zaman geçtikçe, iyi olduğu tek şeyin evin her yerinde kirli çoraplar bırakmak ve televizyon kumandasını gasp etmek olduğunu fark edersiniz. Birdenbire, izlediğiniz tüm o romantik komediler, masum kurbanlar üzerinde oynanan acımasız şakalar gibi görünür.

Ve büyük hayal kırıklıklarına dönüşen o büyük jestleri de unutmayalım. Eski sevgilinizin size bir konser bileti alarak sürpriz yaptığı, ancak konserin kesinlikle nefret ettiğiniz bir grup olduğunu öğrendiğiniz zamanı hatırlıyor musunuz? Evet, düşündüğün için teşekkürler, ama bir dahaki sefere büyük planlar yapmadan önce Spotify çalma listesine bakabilirsiniz en azından. İşte bu gibi anlar, aşkın tüm hayal kırıklıklarına ve kalp kırıklıklarına değip değmediğini sorgulamanıza neden olur.

Şarkıları da unutmayalım. Ayrılık şarkıları. Hüzünlü ve ruh kırıcı olabilirler, ama aynı zamanda gülünç derecede akılda kalıcıdırlar. Yani, kim arabasında tek başına giderken arabesk ayrılık şarkılarını avazı çıktığı kadar söylememiştir ki? Bu sadece aşkta hayal kırıklığına uğramış olmanın getirdiği katartik bir deneyimdir. Ve kabul edelim, kalp kırıklığınızı bir karaoke seansına dönüştürmenin tuhaf şekilde tatmin edici bir yanı var.

Ama belki de aşkta hayal kırıklığına uğramanın en iyi yanı, getirdiği bilgeliktir. Evcil bir tek boynuzlu atı olduğunu söyleyen birine ya da gizli ajan olduğunu iddia eden o gizemli adama güvenmemek gibi değerli dersler öğreniriz. Aşkın gözü kör olabilir, ama aynı zamanda bize bir gerçeklik kontrolü tokatlamak için de bir becerisi vardır. Bir buket gülün yüzümüze çarpması ve aslında plastikten yapılmış olduklarını fark etmek gibi.

Ama her zaman bir umut ışığı vardır, değil mi? Aşkta hayal kırıklığına uğramak, en sevdiğiniz TV dizisini izlerken kaşık kaşık Nutella yemek için harika bir bahaneniz olduğu anlamına gelir. Ve sizi bir önceki kadar hayal kırıklığına uğratmayacak birini bulma umuduyla flört uygulamalarında sağa sola kaydırmanın sonsuz olasılıklarını da unutmayalım. Kim bilir, belki bu sefer gerçekten yemek yapmayı bilen ve kirli çoraplarını ortalıkta bırakmayan birini bulursunuz. Ayrıca hayal kırıklığına uğramak, kâğıt kesiğindeki limon suyu gibi acıtıyor, ama aynı zamanda bize sonrasında dostlarımızla paylaşacak oldukça komik hikâyeler de veriyor.

Nihayetinde, aşkta hayal kırıklığına uğramak hayat kitabındaki bir başka bölümdür. Her şeyin plana göre gitmeyeceğini ve bazen her şeyin saçmalığına gülmeniz gerektiğini hatırlatır. Öyleyse devam edin, hayal kırıklığını kucaklayın ve bir onur nişanı gibi takın. Ne de olsa, aşkın iniş çıkışlarını yüzünde bir gülümseme ve elinde bir bardak dondurmayla atlatmak için özel bir insan olmak gerekir.

Hayal kırıklığı yaratan tüm aşk hikâyelerinin şerefine! Aşk, iniş çıkışlarla dolu bir çöldeki ralli yarışı gibi olsa da, nihayetinde hayatı ilginç kılan şeyin bu olduğunu da hatırlatır. Ve kim bilir, belki bir gün bu hayal kırıklıklarına dönüp bakar ve dünyamızı doğru yollarla nasıl sallayacağını bilen (ve kirli çorapları ortalıkta bırakmayan) biriyle el ele tutuşurken güleriz. Sonuçta her son yeni bir başlangıç olabilir. Ve çok daha iyi olabilir. Ne diyordu bir Zen ustası:

“Samanlığım yandı. Şimdi mehtabı görebiliyorum!”

"Kendini sevmek, ömür boyu sürecek bir aşk hikâyesinin başlangıcıdır."

Oscar Wilde, *Yalnız Sıkıcı İnsanlar Kahvaltıda Parıldar*

Siz kendinize âşık olana kadar başka hiç kimse size âşık olmayacaktır.

Bölümün sonuna doğru geldik bile aşk arayan dostlar. Kulağa biraz klişe gelecek ama şu ana kadarki en önemli olan bir konu hakkında konuşalım – siz kendinize âşık olana kadar başka hiç kimse size âşık olmayacaktır. Şimdi ne düşündüğünüzü biliyorum, "Bekle, dur bakalım! Bana kendimi sevmezsem bir eş bulamayacağımı mı söylüyorsunuz? Bu hiç adil değil, hatta çok saçma..." Evet, hayat bazen gerçekten de adil değildir. Ve genellikle saçmadır.

Kendini sürekli aşağılayan biriyle ilk randevuya çıktığınızı düşünün. Şöyle derler: "Çok çirkinim. Çok sıkıcıyım. Kimse benimle birlikte olmak istemez." Şimdi bana dürüstçe söyleyin, bu kişiyle daha fazla zaman geçirmek ister miydiniz? Muhtemelen hayır. Bu, bir restorana gidip garsonun size tadının berbat olduğunu söylediği bir yemeği sipariş etmeye benzer. Hayır, teşekkürler, almayayım! İlişki dünyasında özgüven çok önemlidir ve eğer buna sahip değilseniz, potansiyel partnerler sizin "kendini sevmek" demenizden daha hızlı bir şekilde sizden uzağa doğru koşacaktır.

Ama bir adım geri çekilip düşünelim. Kendimizi bile sevmezken bir başkasının bizi sevmesini nasıl bekleyebiliriz? Bu, sihirli bir şekilde bedeninize uygun hale gelmesini umarak yıllardır dolabınızda sakladığınız dar kotlara sığmaya çalışmak gibi bir şey. Böyle bir şey olmayacak! Bir başkasının da aynısını yapmasını beklemeden önce kendinizin her santimini kucaklamalı ve sevmelisiniz.

Şimdi, kendinize âşık olmak bir egomanyak olmak veya taş devrinden bu yana en harika şey olduğunuzu düşünmek anlamına gelmez. Bu sadece, kusurlarınızla birlikte kim olduğunuzu kabul etmek ve takdir etmek anlamına gelir. Ve kabul edelim ki hepimizin kusurları var. Örneğin beni dans etmeye çalışırken bir görseniz. O kadar kötüyüm ki muhtemelen gelmiş geçmiş en beceriksiz dansçı ödülünü kazanabilirim. Ama bunu saklamak ya da utanmak yerine, koordinasyon eksikliğimi kabullenmeyi ve kendime gülmeyi öğrendim. Ve inanın bana, insanlar bu tür bir özgüvene ilgi duyuyor.

Şöyle düşünün – sürekli kendinden şüphe eden biriyle mi yoksa kendine güvenen biriyle mi birlikte olmayı tercih edersiniz? Bu, avokado salatası ile çıtır bir lahmacun arasında seçim yapmaya benzer. Sizi bilmem ama ben her seferinde lahmacunu tercih ederim. O halde hepimiz kendimizi ve masaya getirdiğimiz eşsiz nitelikleri takdir etmek için bir dakikamızı ayıralım. Çünkü bunu yaptığımızda, sevgi için karşı konulmaz bir mıknatıs haline geliriz.

Sevgili dostlarım, tekrar ediyorum: Siz kendinize âşık olana kadar başka hiç kimse size âşık olmayacaktır. Tuhaflıklarınızı kucaklayın, güçlü yönlerinizi kutlayın ve yol boyunca her zaman mizah anlayışınızı koruyun. Ve kim bilir, belki de siz kendinizi sevmekle meşgulken, bir başkası gelir ve sizin gibi muhteşem bir insana sırılsıklam âşık olur.

Freud'un dediği gibi:

"Depresif ya da melankolik saplantı öncelikle sevme yeteneğinin kaybolmasıyla kendini gösterir; kendini sevmek de buna dahildir."

Sürekli karşılaştırmalar ve toplumsal baskılarla dolu bir dünyada, kendi değerimizi ve kıymetimizi gözden kaçırmak kolay olabilir. Sevildiğimizi ve tamamlandığımızı hissettirecek olanların onlar olacağını umarak sık sık başkalarından onay ve kabul bekleriz. Öz-sevgiden yoksun olduğumuzda, başkalarının içimizdeki güzelliği ve benzersizliği görmesi zorlaşır. Güvensizlik ve şüphe enerjisi yayarak potansiyel partnerlerin sevgilerine layık olup olmadığımızı sorgulamalarına neden oluruz.

Sanki "Ben kendime inanmıyorum, sen neden inanasın ki?" diyen bir sinyal gönderiyoruz. Kendinize âşık olmak kolay bir iş değildir. Derin bir iç gözlem ve kusurlarımızla ve güvensizliklerimizle doğrudan yüzleşmeye istekli olmayı gerektirir. Geçmişteki hatalarımızı kabul etmek ve kendi mutluluğumuz için sorumluluk almak anlamına gelir. Kusurlarımızı kucaklamak ve bizi biz yapan şeylerin bir parçası olarak onları kutlamayı öğrenmek demektir. Bu kendini keşfetme yolculuğuna çıkarken, kendini sevmenin bencilce veya narsisçe olmadığını anlamaya başlarız. Bu bir kendini koruma ve öz bakım eylemidir.

Kendimizi sevmeyi öğrenerek, başkalarını tam ve koşulsuz olarak sevmek için daha donanımlı hale geliriz. Artık dış onaylara bağımlı değilizdir, bunun yerine içimizden gelen tatmini buluruz. Kendimize âşık olduğumuzda, başkaları için inanılmaz derecede çekici olan bir güven ve özgünlük duygusu yayarız. İnsanlar kendi bedenlerinde rahat olan, yaşamda bir amaç ve yön duygusuna sahip olanlara çekilirler. Pozitiflik ve kendinden eminlik yayan bireylerin etrafında olmak isterler. Dahası, kendimize âşık olmak sağlıklı sınırlar koymamızı ve kendi refahımıza öncelik vermemizi sağlar. Artık hak ettiğimizden daha azına razı olmayız veya toksik ilişkilere tahammül etmeyiz. Kendi değerimizin farkına varır ve hak ettiğimiz sevgi ve saygıdan daha azını kabul etmeyi reddederiz.

Dolayısıyla, kendinizi sizi derinden ve tutkuyla sevecek birini özlerken bulursanız, ilk adımın önce kendinizi sevmek olduğunu unutmayın. Zihninizi, bedeninizi ve ruhunuzu beslemek için zaman ayırın. Etrafınızı sizi canlandıran ve ilham veren insanlarla çevreleyin. Tutkularınızın ve hayallerinizin peşinden sarsılmaz bir kararlılıkla gidin. Bunu yaparak, sizin değerinizi gören ve içinizdeki güzelliği fark eden kişileri kendinize çekeceksiniz. Sevginin yeşermesi için bir alan yaratacaksınız, kendinizi tamamlanmış hissetmek için, buna ihtiyacınız olduğu için değil, zaten kendi başınıza bir bütün olduğunuz için. Benzersizliğinizi kucaklayın, kusurlarınızı kutlayın ve ışığınızın herkesin görmesi için parlamasına izin verin. Kendinizi şiddetle ve özür dilemeden sevin, çünkü ancak o zaman sizi bekleyen derin sevgiyi gerçekten deneyimleyebilirsiniz.

OKURA SON NOTUM

Sevgili okur,

Hiç kimse için üzülmeye değmeyeceğini kendinize hatırlatmanın zamanı geldi. Değeriniz ve mutluluğunuz asla başkalarına bağlı olmamalıdır. Etrafınızdakiler için empati duymak ve şefkat göstermek doğaldır ancak kendi refahınızı etkilemeye başladığında bir çizgi çizmek önemlidir. Fiziksel, zihinsel ve duygusal sağlığınıza öncelik vermeyi hak ediyorsunuz. Nazik ve destekleyici olmakta sorun yok, ancak sınırlar koymak ve kendinizi zehirli etkilerden korumak da aynı derecede önemlidir.

Tekrar hatırlatmakta fayda var, mutluluğunuz bencilce değildir ve kendinizi pozitiflikle çevrelemeniz çok önemlidir. Size neşe veren ve moralinizi yükselten insanlara ve şeylere odaklanın. Güçlü ve dirençlisiniz ve kendiniz için olumlu ve canlandırıcı bir ortam yaratma gücüne sahipsiniz. Değerinizi kabullenin ve sizi geride tutabilecek her türlü suçluluk duygusundan arının ve kendinize acımaktan vazgeçecek kadar kendinizi sevin. Mutluluğu hak ediyorsunuz ve kendi iyiliğiniz pahasına da olsa hiç kimse için üzülmeye değmez.

Bu notu, kendi mutluluğunuza ve öz değerinize her zaman öncelik vermeniz için nazik bir hatırlatma olarak kalbinize yakın tutun.

Paramparça bir kalbin ıstırabı ancak en güçlülerin taşıyabileceği bir yüktür ve yine de sizler bunu büyük bir zarafet ve dirençle taşıdınız, belki de hâlâ taşıyorsunuz. Aşkta ihanete uğramışlık derin yaralar açıyor ve asla tam olarak iyileşemeyecek izler bırakıyor. Ancak kırılganlığınızda gücünüz yatıyor, çünkü sevmek cesaret ister ve parçalanmış bir kalbin parçalarını toplamak daha da fazla cesaret ister. Sizi tanımlayan şey çektiğiniz acı değil, sizi ileriye taşıyan boyun eğmeyen ruhunuzdur. Bu nedenle, kalp kırıklığının yakıcı acısını hisseden her insana, sarsılmaz cesaretlerini ve değerlerinin onlara verilen zararla azalmadığını hatırlatıyorum. Sizler bir umut ve direnç ışığısınız ve iyileşme yolculuğunuz olağanüstü cesaretinizin bir kanıtıdır.

Ne yazık ki, kalbinizin paramparça olmuş kalıntıları ruhunuzun ıssız arazisine dağılmış durumda olabilir. Bir zamanlar aşkın sıcak kucağında güneşlenirken, şimdi kendinizi solmuş ve ölmüş bir aşkın boğucu karanlığında buluyor olabilirsiniz. "Sonsuzluk vaatlerine inanacak denli nasıl bu kadar aptal olabildim?" diye kendinize serzenişte bulunuyor olabilirsiniz. Belki de her anınız şimdi aldatılmanın zehriyle kirlenmiş durumda. Hiçbir zaman gerçek olmamış bir aşkın yıkıntıları arasında dolaşan bir hayalet gibisiniz. Ve paramparça olmuş hayaller enkazının ortasında dururken, kırık kalbinizin parçalarını bir araya getirecek gücü bulup bulamayacağınızı merak ediyorsunuz. Yeniden sevecek cesareti bulabilecek misiniz, yoksa sonsuza dek kendi kalbinizin çorak topraklarında dolaşmaya mahkûm mu kalacaksınız?

Şu anda dünyanın yükünü omuzlarınızda hissetmenizde bir sakınca yok. Başarısız bir aşkın acısı bunaltıcı olabilir ancak bunun hikâyenizin sonu olmadığını hatırlamanız önemlidir. Bu deneyimler sayesinde büyür ve kendimiz hakkında daha fazla şey öğreniriz. İyileşmek ve düşünmek için bu zamanı değerlendirin ve yalnız olmadığınızı bilin. Hikâyeniz insan ruhunun direncinin bir kanıtıdır ve sizi daha parlak günlerin beklediğinden hiç şüpheniz olmasın. Umudunuzu yitirmeyin, çünkü sevgi, birçok biçimiyle, hayatınıza geri dönmenin yolunu bulacaktır.

Bir de değiştiremeyeceğimiz acı bir gerçek var: Hayatın tıkır tıkır işleyen saati. Bir an için gerçekçi olalım, aynaya bakmak korkutucu bir şeydir ve ne göreceğinizi bilemezsiniz. Ancak o aynaya gelip kendinizle ilgili gerçeği kabul ettiğinizde ilerleyebilir ve hayatınızı istediğiniz şekilde değiştirebilirsiniz. Geçmişten kurtulmak ve gerçekte kim olduğunuzla ilgili gerçeği kabul etmek büyük cesaret ister. Korkularınızla yüzleşmek ve hayatınızın kontrolünü elinize almak büyük bir güç gerektirir. Ama bunu yaptığınızda, buna değdiğini anlayacak ve sonunda hayatınıza devam edip hayatınızı dolu dolu yaşayabileceksiniz.

Sevgimle,

Kinsun

HAYATI
SESSİZE ALMA
VAKTİ

KİNSUN

KİNSUN
HAYATI SESSİZE ALMA VAKTİ